卫国英雄
丁汝昌

青少版

刘广利◎著

民族已在危难之间，
大好河山
岂容他人掠夺！

辽宁人民出版社

© 刘广利　2016

图书在版编目（CIP）数据

卫国英雄丁汝昌：青少版 / 刘广利著 . —沈阳：
辽宁人民出版社, 2017.1
ISBN 978-7-205-08770-8

Ⅰ . ①卫… Ⅱ . ①刘… Ⅲ . ①丁汝昌（1836—1895）
—传记 Ⅳ . ①K825.2

中国版本图书馆 CIP 数据核字（2016）第 274459 号

出版发行：辽宁人民出版社
　　　　　地址：沈阳市和平区十一纬路 25 号　邮编：110003
　　　　　电话：024-23284321（邮　购）　024-23284324（发行部）
　　　　　传真：024-23284191（发行部）　024-23284304（办公室）
　　　　　http://www.lnpph.com.cn
印　　刷：沈阳旭日印刷有限公司
幅面尺寸：155mm×227mm
印　　张：11.5
字　　数：100 千字
出版时间：2017 年 1 月第 1 版
印刷时间：2017 年 1 月第 1 次印刷
责任编辑：韩　喆
装帧设计：琥珀视觉
责任校对：赵　悦
书　　号：ISBN 978-7-205-08770-8

定　　价：26.00 元

丁汝昌留影

伊東軍門大人閣下

頃接感激承

覆函深為生靈賜禮物際

茲兩國有事不敢私受謹

以璧還並謝肅請

垂察不宣

外繳呈惠禮三件

丁汝昌頓

正月十八日

丁汝昌致伊东祐亨信件

刘公岛降约
的签订现场

晚清海军
将士

"定远号"
水兵合影

序　言

　　每次看中国地图，我都深为祖国的地大物博、山河壮美和历史悠久自豪。中华民族是在波澜壮阔的历史进程中形成的，这个过程充满了血与火的战斗、生与死的考验。明清两朝，由于国势衰微，国家陷入灾难深重、任人宰割的境地，多次受到侵略者的肆意欺凌、掠夺和瓜分。国家饱经外患而仍生生不息，是人民群众团结战斗、奋力反抗的结果，在这救亡图存的过程中涌现出一批又一批优秀的卫国英雄。这些英雄人物面对"山河破碎风飘絮"，不畏强敌，挺身而出，带领人民群众拿起武器，保家卫国，这才使得国家一次次转危为安、化险为夷。敢于冒着敌人的炮火前进，奋勇杀敌，舍生取义，挽狂澜于既倒，扶大厦之将倾，这是真英雄的写照。面对侵略敢于战斗，面对强敌敢于亮剑，方显英雄本色。卫国英雄是中华民族的脊梁，是中国人民的骄傲。他们用实际行动证明：中华民族不可侮，中国人民不可欺。

　　我们都有一个梦，名字叫"中国梦"。目前，全国人民正并

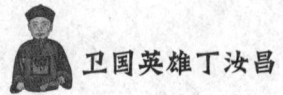

肩携手走在实现民族复兴中国梦的康庄大道上。少年强则国家强，我辈少年当自强。中国梦的实现需要青少年学习英雄精神，接力团结奋斗。卫国英雄的浩然正气与天地共存，与日月同辉。卫国英雄的光辉事迹彪炳千秋，催人奋进。卫国英雄英勇善战、所向披靡的英雄气概，为青少年所敬仰。当代青少年有幸生活在我国几十年没有战争的和平环境中，但是，千万不要因此觉得天下太平。环视周边安全，需要高度警惕，不能掉以轻心。我国国土尚未完全统一，台湾一直孤悬海外，没有回归祖国。目前，台湾政权轮替后，岛内分裂势力更加猖獗，两岸和平发展面临新的挑战和变数。同时，从东海到南海，从钓鱼岛到永暑礁，我国主权受到域内外的多方挑衅和侵犯。天下虽安，忘战必危，何况今日之周边战云密布。在国家安全环境复杂的新形势下，用历史告诉现实，引导青少年弘扬前辈英雄戍边卫疆、保家卫国的爱国主义精神，既具有深远的历史意义，又具有重要的现实意义。

青少年向卫国英雄学习什么？我认为，核心即是学习他们炽热强烈的爱国主义精神。和平与发展仍然是当今时代的主题，我们要时刻关注国与国之间每日存在的科技、经济、文化和综合国力的竞争。我们还面临许多不公平的国际规则，常常受到发达国家的不公正对待。爱国不是抽象的，而是具体的，青少年要根据自身特点，找到合适的爱国路径。

　　我高兴地看到，辽宁人民出版社的卫国英雄丛书以人物传记的方式，介绍明朝抗倭名将戚继光、抗倭名将俞大猷、明平息倭患的胡宗宪、明清之际收复台湾的郑成功、清朝道光时期严禁鸦片的林则徐、收复新疆的左宗棠、抗法名将冯子材、抗法抗日的刘永福、甲午海战名将丁汝昌和邓世昌等十位卫国英雄抵御外侮、保家卫国的故事。十位卫国英雄尽管所处时代不同、成长经历不同、战斗故事不同，但都敢于同外敌进行不屈不挠、艰苦卓绝的斗争，用奋勇杀敌的实际行动，维护国家的领土完整、保障人民的安居乐业。这套丛书主题鲜明，思想深刻，情节生动，文字优美，通俗易懂，适合青少年学习和阅读，可以说是青少年学习和弘扬爱国主义精神的生动教材。我相信，青少年读者阅读这套丛书，一定会为卫国英雄的爱国故事所感动，为卫国英雄的凛然正气所感染，从卫国英雄的故事中汲取勇气、智慧和力量，不断增强爱国之情，砥砺强国之志，在实现中国梦的伟大实践中放飞人生梦想，绽放绚丽青春。

中国青少年研究中心副主任　张良驯

2016 年 5 月 17 日

CONTENTS

目 录

CONTENTS

目　录

第一章

壮志在我胸

今天，到山东半岛威海湾旅游的中国人，几乎都要到刘公岛看一看。这固然是由于刘公岛地理位置独特、风光优美、景色宜人，但更是由于这座小岛承载着中华民族近代的一段历史记忆——这里曾是甲午中日战争的主战场。

提到甲午中日战争，就不能不提到活跃在晚清历史舞台、吸引过全世界目光的北洋海军。提到北洋海军，则不能不提到丁汝昌。包括丁汝昌在内的北洋海军广大将士曾经驻扎在刘公岛，在历史的风云际会中向侵华日军发起猛烈而悲壮的回击。如今，中国甲午战争博物馆、北洋海军提督署、丁汝昌纪念馆赫然坐落在岛上。历史以凝重的笔触在这里写下了充满叹息、挣扎和思索的一页，爱国将领丁汝昌的名字深深地铭刻在每一个中国人的心里，激励着人们为了国家繁荣而拼搏进取，启发着人们对民族前途命运的思考。

丁汝昌，名先达，字禹廷、雨亭，号次章。

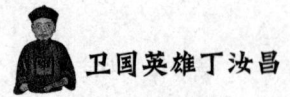

　　道光十六年（1836）11月18日，安徽省庐江县北乡石嘴头村（今丁家坎村）村民丁灿勋家中有了喜事，人们看到他平日因生活困苦而缺少光彩的脸上绽出了笑容：他的儿子出生了。大家见了面都道一句"恭喜恭喜"，还有不少亲友前来看望。虽然生计艰辛，但对传宗接代观念浓厚的中国人来说，家中添丁进口总是件大事、好事。在贫苦的家庭中，家里多了一张嘴，意味着吃穿用度又多了一份支出，但更意味着一个带着力量的新生命来到家中，这个新生命承载着无穷的希望，不但有传续香火的意义，而且可能凭借努力在长大后改变家庭的贫苦面貌。老话说，过日子过的是人，有了人，日子就红火。

　　丁灿勋满含爱意地凝望着这个幼小的生命，好像怎么看也看不够似的。他左思右想，给孩子起了一个响亮的名字：先达。这名字显然是有寓意的，寄托着父亲的美好希望，希望孩子有一天在众人中脱颖而出、光宗耀祖。

　　丁汝昌满周岁那天，不少亲戚带着礼物前来祝贺，也都想看看这孩子抓周时抓什么。

　　丁灿勋夫妇跟前来道贺的亲友一一寒暄后，摆好了文房四宝、钱币、算盘、账册、零食、玩具刀剑等。他们还特意摆了卖豆腐用的铲刀、织土布用的纱穗，甚至有意把这两样东西摆得显眼一些。虽说抓周时应该排除干扰，由着孩子自己，但家境贫寒的丁灿勋夫妇还是希望孩子能早一些挣钱养家糊口，而对一个农家子弟来说，学一门手艺就能保证吃饱饭，干好了还能让日子过得比别人强。如果抓了卖豆腐的铲刀，就说明将来能学会做豆腐的手艺，可以开个豆腐坊，这在农村已经是很令人羡慕的事了。农民一年到头难得吃几回肉，对穷人家来说，吃顿豆腐就算改善生活，日子稍微宽裕点儿的更是经常买豆腐吃。所以学会做豆腐就不愁安身立命。如果抓了纱穗，就预示着将来能当个"机匠"，成为织土布的匠人；衣服也是人人要穿的，布料有各种各样的用途，所以学会这个也能养活自己。村里会这些手艺的人家，日子过得都比别人家好一些。如果抓了文房四宝，那就是将来念书的意思。虽然人人都知道念书是好事，"学而优则仕"，"一举成名天下知"，即便在村里人们也对识文断字的人格外尊敬，但穷人家孩子念书又谈何容易，那既要让家里少去一个劳动力，又需要一笔额外开销。抓了刀剑自然更不妥，那意味着参军，而兵荒马乱的年月参军是凶多吉少。不管穷人家富人家，谁都不希望自己的孩子出去打仗受苦，宁肯让学个手艺吃苦耐劳本本分分在家过日子。

丁汝昌被抱过来，端坐在这些小物件前面，亲友们含着笑，都睁大眼睛看他抓些什么。

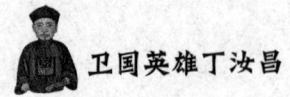

　　丁氏夫妇望着孩子，也微笑着，其实他俩的心里有点儿紧张。虽然说到底抓周只是个玩乐，但他们还是在这件事上寄托了几分希望。只见小汝昌看了看身边这些物件，就立刻爬向摆得离自己稍远些的玩具"大刀佩剑"那里，一把抓在手里。这很出乎大家意料，一瞬间谁都不说话了。但很快就有人打破了沉默，说看这孩子虽然小，却有股闯荡劲儿，长大了肯定是个大将军，能当上大官！大家连声称是，丁氏夫妇也跟着笑了。

　　父母在丁汝昌七岁那年把他送到私塾读书。全家节衣缩食，也只让他勉强读了三年。因生活困窘，丁汝昌不得不在十岁那年离开私塾，开始做工维持生计。他干过很多辛苦的活儿，是家境殷实些的同龄人从来没干过的。一转眼，丁汝昌就十几岁了，眼看着孩子渐渐长大，父亲觉得老是打零工也不是办法，就打算让他学个手艺，以后也好能挣口饭吃。思来想去，把他送到了同族伯父的豆腐坊。

　　豆腐坊收留丁汝昌，还是看在同族的份上。如果没有这层关系，伯父是不愿意把手艺外传的。靠做豆腐，伯父家日子过得还算好。生活不易，手艺传给几个人，就等于找了几个跟自己抢饭吃的竞争对手。

　　伯父没有后悔留下丁汝昌，这孩子吃苦耐劳，特别能干。丁汝昌在豆腐坊学习，不是伯父做豆腐他在一旁看着，而是一边帮工一边学。以学徒的身份学手艺大多是这样，要跟师傅一起干活儿，"师傅领进门"，时间长了也就明白了活儿得怎么干；渐渐熟练，得心应手，也就"出徒"了。

学徒期间，丁汝昌起早贪晚，任劳任怨，没少帮伯父干活儿。他本来就特别勤快，不但帮着做豆腐，还帮着卖豆腐。刚来豆腐坊时就讲好了，在这儿学徒只供饭吃，不管干多少活儿都不给工钱。丁汝昌从来没伸手向伯父要过一个钱，每次卖豆腐的钱也总是分文不少地交给伯父。

但是，日子久了，丁汝昌做豆腐的技艺渐渐熟练，他已经完全能够独当一面。如果家里有钱，自己就能开一个豆腐坊，他完全能撑起来，甚至会比伯父经营得更好。他全心全意经管着生意，几乎可以说支撑着整个豆腐坊，但伯父从来没有流露出赞赏之意，更没有一点儿给他工钱的打算。想起这些，丁汝昌心里还是有几分不悦的。

尤其想到自己家境困窘，父母过着艰苦不堪的生活，而伯父家境较好，却只是把他当成一个"工"招来，从来不给他些帮助，他心里更不是滋味了。"照这样下去，什么时候能对父母尽一份孝心呢？"晚上睡不着时，丁汝昌常常怀着这样的心事。丁汝昌

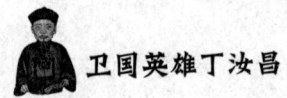

知道伯父的性格，他不敢把心里话跟伯父说出来。怕说了也白说，弄不好还要惹恼了伯父，那可怎么向对自己千叮咛万嘱咐的父母交代呢？活泼、聪慧的丁汝昌嘴上不说什么，心里暗暗拿定了主意。

再出去卖豆腐，他变得灵活一些了。钱挣回来后，他从中拿出自己应得的一份儿，再拿回家孝敬母亲——虽然只是微不足道的一点点，也总是份孝心。伯父是个心细的人，一来二去，他就发觉钱数不对，自然怀疑丁汝昌偷了钱——尽管这孩子平时的表现跟"小偷"实在沾不上边。伯父想了个办法：把卖豆腐得来的铜钱装在一个竹筒里，加上锁，钥匙自己拿着。

看出伯父对他怀有戒心了，丁汝昌更加不满。他拿出几个钱给家里，原是为了提醒伯父考虑考虑他的处境，适当给他些帮助，没想到伯父不但不顾他的感受，还把他当贼来防了。不能不说这个少年的自尊心受到了伤害。

"天下当学徒的没有当一辈子的，"丁汝昌心想，"我已经'出徒'了，自己也能挑起大梁来。有朝一日我自立门户，谁还稀罕你那几个钱！"既然伯父把他当贼防着，他就赌气真要做个"贼"给伯父看看。但是，钱装在竹筒里，又锁得严严实实的，怎么拿得出来呢？趁伯父不在家，丁汝昌几次拿着竹筒晃动，把筒口朝下用力甩，但一枚铜钱也掉不出来。丁汝昌发现竹筒有一个小小的缝隙，于是心生一计。他找来一根扁扁的篾片，一头涂上黏稠的饴糖液，从竹筒缝隙伸进去。铜钱粘在篾片上，他再轻轻地、一枚一枚地取出来，就这样取了好几次。伯父觉得铜钱装在竹筒里万无一失，反倒从来没有注意过。丁汝昌倒觉得没意思了。

虽然伯父对他的任劳任怨比较满意，但如果他犯了错，也是免不了受打骂的。丁汝昌凭着聪慧躲过了一些打骂。有一回他起早出去卖豆腐，路不太好走，深一脚浅一脚，猛地摔了一跤，竟把一担新做好的豆腐摔了个稀烂。他心里吃了一吓，暗暗叫道"不好"，知道这回准逃不掉责罚了。战战兢兢回来，丁汝昌实在不敢说自己把豆腐摔碎了，但不说又没法向伯母交钱。挨了一会儿，只好实话实说。伯母果然大怒，气得脸色发青，全然不顾念丁汝昌平时的功劳、苦劳了，连声骂他是没用的东西，拿起笤帚就追着他打。

丁汝昌哪敢辩驳，转身撒腿就跑。伯母追到房里，一眨眼却不见了丁汝昌的踪影，低头一看，只见一只白虎趴在地上。伯母心中一惊，顿感脑袋一震，眼冒金星、天旋地转。她连忙转身跑出去，边跑边在村里喊着："了不得，了不得！这孩子成神了……"村民都围过来问长问短，伯母气喘吁吁地比画着："了不得……

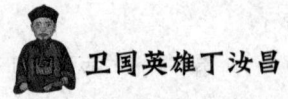

丁家这孩子……白虎星下凡……了不得呀！"趁着伯母大呼小叫，村里乱作一团，丁汝昌连忙起身躲开了。村里人有好奇的，有惊慌的，跟着伯母来到家里，却什么也没看见。但看伯母惶恐的样子又不是装出来的。伯母解释说："哎呀……刚才就是在这儿，这屋里……白虎星上天了！"

其实哪里是"白虎星下凡"，只是丁汝昌被伯母追赶到房中，无路可走，急中生智。他趁伯母还没进屋，一刹那做出决定：装一回怪物试试！丁汝昌有一件白里子的长衫，听到伯母的脚步声越来越近，他迅速脱下长衫，里朝外披在身上，往地上一卧，把身体、头脸蒙个严严实实。伯母跨进门来那一瞬间，丁汝昌屏住呼吸一动不动。他想：即便躲不过打，有衣服蒙着，打在身上也不会那么疼。听到伯母跑出房去大喊大叫，丁汝昌一颗悬着的心终于有了着落。

丁汝昌不但躲过了这次责罚，而且以后也不再受到伯母的打骂了。以后伯母再跟村里人拉家常，只要丁汝昌也在跟前，她就总是说："这孩子是白虎星下凡，将来有大出息啊！"这时丁汝昌总是笑笑，不说话。

丁汝昌在磨砺中成长着。这些年来，其实谁家的日子都不太好过。农民依赖土地维持生存，其实就是靠天吃饭。年年风调雨顺有个好收成是农民最大的愿望，就连过年时春联的横批都常常是"风调雨顺""五谷丰登"。但是，大自然的运作是不以人的意志为转移的，遇到荒年，人们只能咬牙忍耐。尤其是1840年鸦片战争以后，由于《南京条约》带来的巨额战争赔款，清政府国库更加空虚，水利失修，加上天公不作美，那几年自然灾害多次发生。

从道光二十一年（1841）起，黄河连连决口。河南、山东、安徽等省份的村庄和田地被洪水淹没，人们的生命财产受到巨大损失。

道光二十六年至三十年（1846—1850），黄河流域、长江流域各省连续遭到严重的水灾或旱灾。

道光二十九年（1849），江苏、安徽等省份发生百年不遇的水灾，人们的生活陷入比以前更糟的窘境。安徽庐江是这次水灾的重灾区，此处正是丁汝昌的家乡。

这次水灾破坏力极大，给当地社会带来深重灾难，《庐江县志》有专文记载当时情形："夏淫雨，江水上溢，圩田尽没，舟行城堞，经冬不落。"夏季雨水不断，致使江水水位上涨，溢出堤坝，把平常用土堤包围以防外水侵入的农田全部淹没；船原是在水中行走的，现在却能在城墙上方划船，大水一冬都不见减少。这是

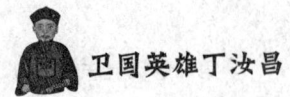

何其触目惊心的惨状！

"民以食为天"原是最简单的道理，因为人要维持生存就需要食物补给。粮食既然已经绝收，为了维持生命，人们只有吃草根树皮。这种情况下，腐败的清政府和各级官员不顾受灾人民的死活，继续为了维持朝廷机构运转、个人享福享乐而搜刮民脂民膏。

人民生活在水深火热之中，日子一天比一天难过。水灾刚过，旱灾又来。咸丰元年（1851），安徽庐江一带接连数月没下透雨，眼看庄稼又要绝收，就连生命力最顽强的野草长得都不那么旺盛。大地好像要开裂了，人们天天盼雨，但雨就是不来，旱情一天比一天严重。此时，丁汝昌的父母双双卧病在床。丁汝昌经常跑回家去，含着眼泪看着日渐消瘦和衰弱的双亲。这个家，吃饭穿衣尚且成问题，又哪来治病的钱呢？丁汝昌忧心如焚。不久，父母在饥饿和疾病中撒手人寰。亲友的日子同样不宽裕，连帮丁家买口棺材的钱都凑不齐，只能把丁家仅有的木柜当作棺材，埋葬了丁汝昌的父母。

这一年，丁汝昌只有十四岁。他一下子感到了难以言说的悲哀与孤独。是的，他只有十四岁，却已经饱尝生活的艰辛。虽然家境清贫，丁汝昌却异常聪慧、勇敢，从小就表现出卓尔不群的气质。穷人的孩子早当家。在私塾读书时，丁汝昌深知求学机会难得，学习特别勤奋刻苦。他对师长彬彬有礼、敬重有加，对同窗团结友爱、宽厚礼让，受到大家的喜爱。私塾学习经历虽然只有短短三年，圣贤书上为人处世的道理却被丁汝昌铭记在心，他读书、写字都一丝不苟，这些都为他后来的军旅生涯尤其是在北洋海师做官时妥善处理日常事务打下了良好基础。

俗话说"有志不在年高"，也许不无道理。一个人小时候的志趣如果能得到保持和发展，常常会决定后来的人生选择。这种志趣即使不能决定人生选择，至少在一定程度上预示着一个人的价值取向、影响着一个人的性格。

爱玩儿是孩子的天性，丁汝昌七八岁时常跟村中的小伙伴一起玩耍。孩子们非常顽皮，都有无穷的想象和使不完的力气，游戏的花样也层出不穷。丁汝昌最喜欢玩"打仗"游戏，尤其是"炮战"。

村中孩子的游戏通常在月光明亮的晚上进行。虽然他们还小，但已经俨然是家中的一个小"劳动力"，白天要帮父母承担一些力所能及的活计，有的放鸭鹅、放牛，有的挖野菜、割草。有时为生计所迫，甚至不得不随着大人干一些超出自己能力范围的重体力活。这种生活是艰苦的，但也锻炼他们养成了坚毅、乐观的性格。

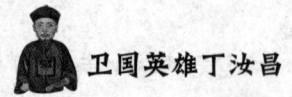
霞光满天的傍晚，或月色如水的夜里，在渐渐安静下来的村庄，结束了一天劳作的孩子们终于迎来了属于自己的时间。在院墙外，在村头的大树下，他们沉浸在属于自己的、充满奇幻色彩的世界里；这个世界是巨大的、神奇的，在他们心中，这个世界比白天的世界更真实，他们的游戏比什么都精彩。每天吃完晚饭，孩子们就像商量好了似的，陆陆续续从家中走出来凑到一起。这时候，劳累了一天的大人不再管束他们，由着他们无拘无束地游戏。

"炮战"游戏需要分出"敌方"和"我方"。丁汝昌把大家分成两派，各派称自己这方为"我国"，称对方为"敌国"。分好派就可以"开战"了，武器简易而淳朴，就地取材，是乡间随处都有的泥土，孩子们称之为"弹灰"。至于"战法"，就是在遇到敌方时抓起弹灰向他们身上打，谁的身体被打中就算失败。用弹灰互相攻击时，不免尘土漫天，孩子们视之为炮火烟雾，越战越勇。敌我双方交战几个回合后，各自清点"士兵"，哪一方被打败的人少，哪一方就获胜。丁汝昌这一方获胜的时候总是很多，因为他经常动脑筋研究武器。

他们采用的"炮弹"只是从地上随机抓取的泥土，打出去时往往飞洒得四处都是，不但射程有限，而且有效打中对方的概率不高。有一回，丁汝昌看到向日葵的秆受到启发，他想把它改造成"枪"。向日葵的秆又粗又壮，能容纳更多"弹灰"。丁汝昌将村民收割后丢弃的向日葵秆捡来，把它一头堵住，另一头通开并削尖，"弹灰"装得满满的。"作战"时，借助向日葵秆较长的优势，离敌方较远时就可以发动攻击；由于"弹灰"储备得足，不需要临时蹲伏在地上抓取，节省了大量的时间，而且只要用力抖动、甩开，"弹灰"就能集中地打到对方身上，大大提高了"作战"效率。

一开始，采用这种新武器的丁汝昌一方连连获胜，但很快对方也采用了这个办法，双方难分胜负。丁汝昌又开始研究新战术。他把自己这方的伙伴们召集起来，跟他们说了自己的想法，大家拍掌说妙。双方"交战"时，正打得难分高下，自己这方并未处于明显劣势时，丁汝昌让大家故意露些破绽，使"敌方"得逞，然后借机做出慌乱的样子，装作败退逃跑，引诱"敌方"乘胜追击。而正当"敌方"气势汹汹追来时，待到距离缩短，他命令自己这方做好准备，迅速掉头攻击；短兵相接，打得对方猝不及防。丁汝昌得意地说这是"小罗成的回马枪"。有时他也领着大家快速"逃走"，跑到房子、草堆的隐蔽处或墙垣拐角处，趁对方还没赶来立即一动不动地藏好，等"敌方"追赶着从他们埋伏的地方跑过去以后，立刻冲出来，从"敌方"背后发起袭击，打得对手措手

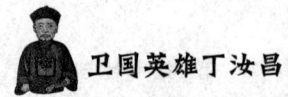

不及。丁汝昌说这是"秦琼的杀手锏"。很快，这些计策也被"敌方"学会并屡加利用，丁汝昌又讲起"狭路相逢勇者胜"的战法，鼓励自己这方沉着"应战"。

丁汝昌的聪慧、勇敢赢得孩子们的钦佩和信任，大家都听他的，甚至比他大一些的孩子在游戏时也听他的。分组时，大家都想跟他在一起，觉得有他在就有主心骨，有他在就有获胜的保障。但丁汝昌从不"居功自傲"，也从不拉帮结伙。分"敌方""我方"时，他总是根据每个小伙伴的特点合理分配，让双方实力相当，绝不偏袒自己这一方。这也是大家愿意让他说了算的原因。在伙伴儿们的心里，他就是那个游戏世界的国王。不但孩子们钦佩丁汝昌，村里的大人也见识过丁汝昌的沉着、果敢。

丁汝昌十六岁那年，由于安徽庐江一带遭受旱灾，村里的水井渐渐打不出水来。人须臾不能离开水，全村十几户人家、百十口人的饮水却成了问题。有时打上来一些水，却因井下长期淤积泥土杂物，提上来散发出腥臭气味，让人难以下咽。这给为干旱焦心的人们带来更多苦恼。村民们聚在一起商量为水井清淤。

淤泥都在井底，清淤当然要到井里去清，这是件危险的事。井在地下，井里的潮湿阴暗只要想一想就让人觉得不舒服了。在人们的生活经验和思想观念里，井里是危险的、不安全的地方。

平常人们形容彼此之间没什么深仇大恨，经常说"我又没把你孩子扔到井里"这句话。在丁汝昌的家乡，形容一个人善良、热诚也有句话："这人心眼儿最好，让他下井进茅坑他都愿意。"如果一个人想表达对另一个人的信任和忠诚，也会说："只要你开口，让我下井进茅坑我也愿意！"进茅坑当然很脏，谁能受得了呢？而之所以拿"下井"赌咒发誓，则是因为下井是十分危险的事，是谁都不乐意干的事。虽说下井时有绳子缚在身上，由别人在井外放绳子一点一点往井底送，但稍有闪失就会酿成危险，尽管万分小心谨慎，但毕竟谁也不敢保证万无一失。

一天，村民们聚集在村头商议让谁下井，迟迟拿不定主意。正好丁汝昌路过，得知此事，连忙上前说："让我来吧！"但是人人摇头。怎么能让一个孩子下井呢？一个老人说："你还是个孩子，这种危险的事千万不能干。万一有个三长两短，我们对不起你，也对不起你死去的父母啊。"丁汝昌上前一步拍拍胸脯，让大家看他健壮的身体。

确实，丁汝昌比同龄孩子显得结实、有力量。他出生在贫苦之家，从小没像富人家的孩子那样娇生惯养。富人家的孩子往往是饭来张口衣来伸手，从来没干过什么体力活儿，但丁汝昌为了家里的生计从小就干过很多活儿，后来还到伯父的豆腐坊做工。

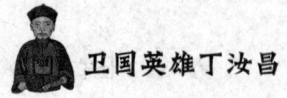

吃东西他从不挑挑拣拣，干活也从来不拈轻怕重，这些历练给了他一副好身板。由于经历得多，更懂得生活的艰辛，他比一般孩子更成熟、懂事。

丁汝昌毫不犹豫地说："我已经十六岁了，也不小了。俗话说'男到十六当家汉'。你们看，我个头不矮，身材也不比你们小，这个活儿我完全能干，就放心地交给我吧。父母的在天之灵知道我为全村人做好事，也会高兴的。"丁汝昌人虽小，这一番发自肺腑的话却着实感动了每个村民。唯其年龄小，说出这番话才更加令人赞叹。然而，赞叹归赞叹，下井清淤的事是决不能让一个孩子来干的。大家还是不同意，又去商议了。丁汝昌要下井并非一时冲动、心血来潮，他对自己的行动有把握。正因如此，既然做了这决定，他就不想轻易改变。他不再和父老乡亲争论，转身离开，自己去做准备了。

第二天，眼看着喝水的问题越来越严峻了，人们商议的事情还是没有结果，却有人发现丁汝昌带着绳子、水桶、铁锹、筐来到井边。他带着村里几个年龄相仿的孩子，一道不声不响地干起活儿来了。村民闻讯急忙赶来，一看丁汝昌这劲头，也只好依他了。大人也一起动手，不断提醒丁汝昌小心些。就这样连续干了几天，功夫不负苦心人，工程渐渐完成一半了。

　　这一天，丁汝昌在身上绑好绳索，带上工具，让人拿着绳子放他到井底继续清淤。下井前他特地检查了绳索在身上绑得紧不紧，还叮嘱了拿绳子的人。没料到的是，丁汝昌刚下到一半，只听咔嚓一声，他的身体猛地往下一坠。"糟了！绳索断了！"

　　放绳子的人大喊一声，同时身体由于惯性猛地往后一仰，险些摔个四脚朝天。大家吓出一身冷汗，心一下子提到了嗓子眼，连声叫"大事不好"，急得热锅上的蚂蚁一般团团转。

　　如果绳子从丁汝昌身上松动，他可以自己解决，在下井的过程中把它系得紧一些。如果绳子在放绳人的手中松动，他可以适时调整速度，争取与下井人达成最默契的合作。

　　但谁都没有料到，绳子会从中间断开。大家有的一边念叨丁汝昌的名字一边掉眼泪，有的围到井边往里探视，井里却黑咕隆咚什么也看不见。就在这时，井里忽然传来丁汝昌的喊声："快放绳索下来，提我上井！"这一声呼救让众人转悲为喜，急忙找来一根新绳子，一端由几个人牢牢抓住，另一端投到井中。不一会儿，丁汝昌上来了。谁也不知道在那种情况下他是怎么转危为安的。

　　原来，听到咔嚓一声的瞬间，反应灵敏的丁汝昌就意识到绳子出了问题。就在绳子即将完全断开、他的身体即将失去控制跌入井底的刹那，他急中生智，身体后仰，脚向上抬，浑身用力一挺，

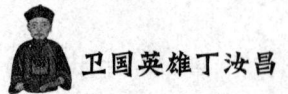

就整个人卡在了井中。他双手用力向外撑，双脚牢牢蹬着井壁，保持着身体不跌落。得知原委，大家都说丁汝昌了不起，更加钦佩他的坚强和果敢。险情解除，再下井清淤必然要换一条新绳子了。此时检查这条绳子从中间断了的原因，才发现是昨夜被老鼠咬坏了。

此后，再清淤时人们对绳子的检查格外仔细。尽管如此，经历了一次危险，村民们还是不同意丁汝昌再下井，怕他再有意外。可是，丁汝昌坚决不肯，他笑笑说，经历一次危险反倒更有经验了，必须把清淤的活儿干完。大家只好又依了他。就这样又干了好几天，丁汝昌把井底常年堆积的淤泥全都清理出来。这样一来，人们喝到的再不是散发着腥臭的脏水，而是清澈的甘泉了。苦干多日，丁汝昌的手磨出了血泡，脚也被水泡肿了。但是，看到父老乡亲喝到清澈的水，他的脸上露出了笑容。村民们提到丁汝昌无不竖起大拇指，他下井清淤的事也在家乡传为佳话。

人穷志不短。丁汝昌不但坚毅果敢，而且少年时代就表现出高远的志向。

念了三年私塾就早早辍学谋生的丁汝昌，目睹了资本主义列强的入侵对家乡社会生活的破坏、对人们的盘剥和戕害，他幼小的心中已经孕育了反侵略的种子。作为一个小孩子，他没法上阵

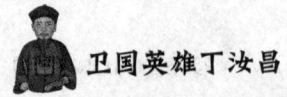

杀敌、抵抗外侮，但他的志向常常以游戏的方式反映出来。

比如，他喜欢跟伙伴们玩儿"打仗"游戏，在组织大家"作战"时颇有运筹帷幄的气度。去伯父的豆腐坊当学徒之前，他干过帮人家放鸭子的活儿。傍晚赶着鸭子进棚子时，他常常拍着小手高兴地喊："洋人被我赶到牢笼里了！洋人被我赶到牢笼里了，这下我们快活了！"

在豆腐坊做工时，丁汝昌每天都要干很多活儿。有一天推磨，他疲惫不堪，越推越没力气。看着巨大的磨盘，他不禁停了一下，自言自语地说："推磨没力气不行，治国不也是这个道理吗？国家处于危急中，大丈夫应该有力气扭转乾坤，为推动国家这盘大磨出力，这样才能拯救受苦的人啊。"想到这里，他又鼓足力气，把磨盘推得飞快。

人生总是面临各种各样的选择，一个人的人生选择总是在多种因素的交互作用下产生的。不得不说，不自觉地潜藏在心中的这份用世之志，对丁汝昌后来踏上军旅生涯产生了不小的影响。

第二章

从太平军转变为淮军

据说，丁汝昌是在一次卖豆腐时遇到太平军招兵，才开始他的戎马生涯的。

金田起义后，太平军势如破竹，一一突破各地地主武装和清兵的封堵，从金田村以星火燎原之势蔓延开来，经永安、长沙、武昌、安庆等地，所到之处群众纷纷响应，一路上队伍不断壮大。到武昌时已达五十多万人（裹挟难民），咸丰三年（1853）春，到达南京时军事力量更加强大。同年，太平军以摧枯拉朽之势席卷长江中下游地区，北上安徽巢湖，连克无为、巢县、桐城、舒城等地。次年太平军打到丁汝昌的家乡，1 月 18 日攻克庐江。

这一年，丁汝昌已经是个十八岁的小伙子了。

春节即将来临。这一天，丁汝昌像往常一样挑着豆腐担，到家乡附近的小镇石嘴头卖豆腐。当他卖完豆腐准备回去时，看见街上忽然簇拥着很多人，不知围着什么看热闹，不一会儿就挤得水泄不通。丁汝昌经常在这儿卖豆腐，还从来没看到过街上一下

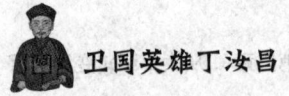

子出现这么多人。

他收好东西，好奇地走上前去。只见人群中间的空地上临时搭起了一个高台子，几个当兵的站在台上高声喊道："父老乡亲们，我们是天王洪秀全领导的太平军！我们打仗，是为了大家都过上好日子！"一个兵丁大声喊道："有田同耕，有饭同食，有衣同穿，有钱同使。无处不均匀，无人不饱暖！"士兵们连声高喊口号，那个兵丁又说："父老乡亲们，你们受的苦太多了，快来报名参军吧！"丁汝昌明白了。这是攻克庐江的太平军到乡下来宣传、招兵了。他心里痒痒的，反复念叨着"有田同耕，有饭同食，有衣同穿，有钱同使。无处不均匀，无人不饱暖"这几句话，好像越念叨越有滋味儿似的。想起自己这些年过的苦日子，他心动了，想去参军，跟着这些兵丁走！

他在人群中站了半晌，直到众人渐渐散开，才若有所思地往回走。往常卖完豆腐回去，丁汝昌心里都乐呵呵的，步子迈得飞快。今天他的脚步却慢下来，满肚子的心事好像都被招兵的事儿闹起来了，压得他走不动路。他慢慢地走，一步三回头地往街上回望。挑着空豆腐担子，丁汝昌的心不平静了。

每天起早贪晚做豆腐、卖豆腐，这种日子什么时候是个头儿呢？小时候吃不上饭，到伯父家做工学手艺倒不坏，但是，难道一辈子都这么过下去吗？离开伯父，另立门户开个豆腐坊过日子倒也是条正道儿，但是以自己现在的条件，豆腐坊岂是一时半会儿开得起来的？想到这些，丁汝昌的脚步更慢了。

村里像他一样大的小伙子大多娶亲成家了，这两年他也喝过别人好几回喜酒，可他由于父母早早离去，家境贫寒，到现在还没人给提亲。打光棍儿不是办法，这两年还好糊弄，过两年年龄再大些还没媳妇的话，岂不被人笑掉大牙！倒不如随那些兵参加太平军去，说不定能在军队里找到出路呢？就算干不出什么大名堂，总好过以后在家乡打光棍儿惹人笑话！想到此处，丁汝昌停住了脚步。

可是，又一个念头在他脑海里出现了。他的家乡有一句古话：好铁不打钉，好男不当兵。丁汝昌虽然生活贫苦，却是个堂堂男儿汉，到底要不要去当兵呢？他边走边想，回家这条路好像比平时长了很多。不知不觉走到村头的小水沟边，望着潺潺流动的溪水，他忽然想起家乡人遇事犹豫不决时常常采取的办法——占卜。对，就让老天爷帮着决定吧！丁汝昌面对流水，默默祷念一番。他想把扁担抛向空中，如果扁担落在溪水中不动他就去当兵，反之就回去安心做豆腐。

于是，丁汝昌将手中的扁担高高抛起，奋力一扔，只见扁担

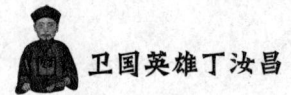

急速落入水中，不偏不倚地卡在了水中的石头缝中，傲然挺立不动。无须再作计议，丁汝昌这回下了决心。他扔下豆腐担，转身就往小集镇跑，到了招兵的台子那里，气喘吁吁地说："我要当兵！我要当兵！"

其实，丁汝昌当时想到自己命运多舛，心中百感交集，回家途中，参军的想法已经在心里占了上风。内心斗争激烈时，想用"占卜"的方式作决定这一行为本身，就已经反映出他内心深处的真实意愿。就这样，丁汝昌加入了太平军，开始了他起伏多变的军旅生涯。

丁汝昌甫入军中，就参加了激烈的庐江争夺战。庐江城位于安徽中部，屡陷屡复，太平军与清军争夺异常激烈。不久，丁汝昌随太平军所部驻守当时的安徽省城安庆，编在程学启部下。与程学启的相识，改变了丁汝昌的人生轨迹。丁汝昌作为程学启营中一兵，此时无论如何想不到有一天自己会成为湘军中的一员。

咸丰十年（1860），曾国藩、曾国荃兄弟二人率湘军水陆之师围攻安庆，程学启守在安庆北门外石垒，一次次挫败湘军的攻势。曾氏兄弟一次次受挫后，认识到强取安庆只能酿成更大的损失，就改变策略，对程学启招降策反。经人献计，曾氏兄弟得知程学启对养母十分孝顺，就派人将程惟栋母子拘入湘军大营，以杀掉二人胁迫程学启投降。程学启深感养母对他恩深情重，且当时安庆局势转危，太平军援兵迟迟不至，为个人前途考虑，也已有了几分投降之意。而叶芸来此时也开始对程学启有所提防，每天都派人暗暗观察程学启军营的动向。得知曾氏拘捕程学启养母后，叶芸来更加吃惊，忙派人拿令箭召程学启入城相见。程学启自知事情不妙，如果进城，恐怕凶多吉少再难出来。他急中生智，索性拿着令箭带领手下干将八十二人骗开营门，直奔安庆北门外曾国藩之弟曾国葆的军营。安庆守军派兵追杀，曾国葆忙将程学启等放入营内，追兵无果而退。曾氏兄弟策反程学启成功。丁汝昌和程学启的家乡相邻，两人是安徽老乡。程学启比丁汝昌大七岁，丁汝昌尊其为兄长，两人共同语言很多。丁汝昌随程学启在安庆驻守了七年多，从这位智勇双全的将领身上学到很多带兵、用兵之道。丁汝昌作为程学启所部一兵，也在咸丰十一年（1861）2月19日夜间奔向湘军营地的队伍之中。就这样，原是加入太平军的丁汝昌，被裹挟着进入湘军之中，反成了镇压太平军的"官兵"。

对于程学启的投降，曾国荃起初并非毫无疑虑，他常找机会试探程学启的诚意，每次战斗都让程学启、丁汝昌居于前列，程、丁二人屡屡获胜，渐渐消除了他的猜忌。8月18日，程学启、丁汝昌做湘军前导，攻下太平军安庆北门外最坚固的三座营垒，切

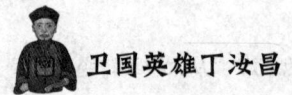

断了安庆城内太平军向北行进之路，阻断了太平军粮道。9月5日，安庆被湘军攻陷。随后，程、丁二人又随曾国荃攻下无为、铜陵等地。丁汝昌在这一次次战事中得到了历练。

湘军攻占安庆后，提升程学启为游击，赏戴花翎，授参将，领开字营，为营官。丁汝昌被提拔为程学启部哨官（相当于今连长），授千总。丁汝昌依然想不到，不久他又被编入了李鸿章的淮军。当时，活跃在中国大地上的农民起义军不只太平军，还有北方的捻军。所谓"剿发捻"，"发"指的是太平军，"捻"指的就是捻军——清廷称之为捻匪。

捻军这个称谓源于"捻子"一词。捻子又叫"捻党"，是民间的一个秘密组织。"捻"是淮北方言，意思是一股儿、一伙儿。有人说捻子产生于清康熙年间，也有人说明朝末年就出现了。捻子的成员主要是农民和手工业者，早期活动于皖北淝水和涡河流域。越是荒年歉收，入捻人数越多，所谓"居者为民，出者为捻"。嘉庆末年，社会上捻子集团越来越多，大小不等，小捻子有数人、数十人的，大捻子一二百人不等。他们经常在安徽亳州、安徽阜阳、河南三河尖、江苏、山东之间护送私盐，并常与清政府发生武装冲突，后来甚至出现起义攻城的情况。咸丰三年（1853），捻子在太平天国影响下发动大规模起义。

　　湘军忙于镇压太平军，必须有新的军事力量对付捻军，于是李鸿章组建了淮军。咸丰三年（1853），太平军进占安徽时，李鸿章曾在他的家乡庐州（今合肥）参与筹办团练，但被势头正盛的太平军击败。咸丰十一年（1861），由于得到曾国藩的支持，李鸿章以团练为基础编练淮勇，大约七千人。这支军队依靠安徽淮河南北地主豪绅而成，故称淮军。

　　同治元年（1862）2月，李鸿章奉曾国藩之命将淮勇带到安庆，宣布成军。湘军因攻克安庆后顺江东行，声威大振，受到上海官绅的推崇、信赖。淮军刚宣布成立时，上海官绅为了对付太平军，向曾国藩寻求保护，以每月愿出十六万两白银为军饷的许诺请求曾国藩出师。曾国藩一为急于邀功请赏，二为解决军饷困难，便一口答应了上海、江苏豪绅的请求，立即派李鸿章率军到苏南地区与太平军作战。李鸿章深知曾国藩用意，但考虑到此前与太平军交战已失利一次，恐怕淮军刚成立即出战太平军再次失利，于己不利，就以兵力单薄为借口，请求曾国藩调出些兵力给他。曾国藩为了激励淮军，同意了李鸿章的请求，并且出手大方，调拨了八个营给李鸿章，其中包括程学启的开字营。由此，丁汝昌又随着程学启被编入淮军。

　　同年5月2日，李鸿章率领淮军乘船到江苏、上海镇压太平军。

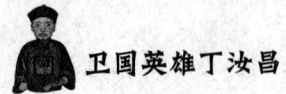

在这里，丁汝昌同样有不俗的表现。据《庐江文献初编》记载："汝昌佐学启于泗泾、新泾、四江口诸役，每战辄先登。"可见其骁勇。李鸿章称程学启为"沪军第一骁将"和自己的"左臂"，又从用兵方略上夸程学启是十余年来罕有之将。丁汝昌正是程学启部下的勇将，李鸿章的这些称誉自然也指向丁汝昌。

　　丁汝昌的骁勇善战，很快引起刘铭传的注意。丁汝昌率领铭字营，跟随刘铭传作战，屡立奇功，不久就升为营官，率领马队营，开始带领骑兵。此后，丁汝昌在江淮大地的疆场纵横驰骋，捷报频传。

　　刘铭传十一岁时父亲病故，随后大哥三哥又相继去世，其他几个哥哥各自成家，此后他便与母亲单独生活。母子相依为命，靠贩私盐为生。刘铭传十八岁那年，有一天家里因缴不出粮食被当地土豪侮辱，他愤而斩杀土豪，带领身边同龄伙伴在家附近安营扎寨，保卫闾里，开始团练生涯。咸丰十一年（1861），李鸿章回合肥为曾国藩募兵。刘铭传投奔李鸿章，参加了淮军，从安庆顺江南下。后来因镇压太平军、捻军有功，刘铭传累升至直隶提督。光绪十年（1884），中法战争爆发，刘铭传被授予巡抚衔督办台湾军务。光绪十一年（1885）10月，清政府宣布台湾正式建省，刘铭传成为台湾省首任巡抚。

　　淮军的武器装备较为先进，尤其丁汝昌所在的刘铭传部，是最早使用洋枪洋炮的军队之一。同时，铭军最早聘请洋教官、教演洋武器。这与统领淮军的李鸿章有关。李鸿章不愧为开眼看世界、吸收新技术的名臣，眼界远远超出一般的清廷大臣。他在和洋人打交道的过程中，发现洋枪洋炮威力确实很大，远非旧式枪矛可比。李鸿章绝不闭目塞听，刚到上海就写信给曾国藩，惊叹洋炮的巨大威力："连日由南翔进嘉定，洋兵数千，枪炮并发，所当辄靡，其落地开花弹真神技也。"随后，李鸿章就开始用洋枪洋炮武装淮军，并积极学习洋人使用枪炮之术。就这样，不到两年时间，淮军就基本完成了武器更新，丢掉冷兵器，全部使用火器，后来又不断更新装备，较早实现了军事装备的近代化。

　　置身于淮军刘铭传部的丁汝昌，在这个时期成为中国最早接触西方先进军事技术的中国军人之一。应该说，这也是李鸿章后来选他为北洋海军提督时考虑的一个因素。有了先进武器的淮军，战斗力自然大大提高，非一般军队所能及。同治三年（1864），丁汝昌随着刘铭传在洋枪洋炮辅助下平吴（江苏南部地区）有功，被提升为副将。随后，丁汝昌又统帅先锋马队三营（一营为五百人），随刘铭传镇压捻军。

　　戎马倥偬，虽骁勇善战亦难免遭遇危险，有时这危险远非本

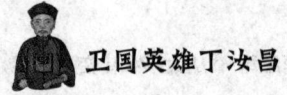

人所能预料，更谈不到掌控。丁汝昌对此深有感触。

同治六年（1867）年初，在剿灭聚集于湖北安陆府的东捻军时，由于刘铭传争功心切，丁汝昌等淮军将士险些丧命。霆字淮军统领名鲍超，本来刘铭传已和他约好在2月19日两军同时向驻守在安陆府尹龙河的东捻军发起进攻，但刘铭传忽然违约提前发动进攻。原来刘、鲍两人一向心存嫌隙，互相不服气，鲍超轻视刘铭传是后起之辈，刘铭传则嘲笑鲍超有勇无谋；刘铭传为了抢夺这次剿捻的头功，就不顾盟约率先出动。结果遭到捻军伏击，刘铭传的铭字淮军损失惨重，各营被捻军团团围住，大有全军覆没之险。刘铭传本人也被追击得狼狈不堪。幸好鲍超按预先约好的时间飞速赶来，及时从捻军背后发动突袭，击杀捻军两万余人，为刘铭传解围，否则此次剿捻非但必败，而且包括刘铭传本人在内的铭字军性命难保。但是，面对救了自己性命的鲍超，刘铭传非但不表示感激，借机尽释前嫌，反倒责怪鲍超忘记约好的时间致使自己遇险。鲍超百口莫辩，从此忧愤成疾。

光阴似箭，日月如梭。几年里，丁汝昌转战豫、鄂、燕、齐数地，频频立功，同治七年（1868），丁汝昌32岁，又加提督衔遇缺题奏总兵（相当于今师长），赏"协勇巴图鲁"（巴图鲁为满语，意为勇士）汉字勇号，成为一名高级武官。

当年在家乡抛下豆腐担投军的丁汝昌，经过多少劳顿、征伐，终于在军中崭露头角，获得了自己的位置。然而，几年以后，丁汝昌就因清廷节饷裁兵而无奈地回到家乡闲居。

陶渊明诗《归园田居》云："羁鸟恋旧林，池鱼思故渊。"对于厌倦官府公务、天性喜好自然田园风光的陶渊明等诗人来说，回到家乡闲居、在优美宁静的乡村生活中流连忘返，确实是一种享受。而对于丁汝昌这样四处闯荡、以为国立功为志向的武将来说，离开军队和战场回乡赋闲，则毋宁说是一种痛苦。然而，大势难抗。清廷一声令下，裁军势在必行。

鸦片战争后，列强将中国视为掠夺原料、倾销商品的巨大市场，纷纷侵犯中国，将清政府视为影响他们在中国掳掠横行的最大障碍。各地农民起义，尤其是太平天国运动的发生和长期持续，则使列强渐渐认识到，中国农民的反抗斗争蕴藏着巨大的力量，这个力量远远超过了腐朽的清政府。如果没有清政府的存在，列强势必直接面对这一力量，那只会为他们平添许多棘手的难题。维护清政府并借助其力量压制中国人民的反抗，则对他们大有好处。清政府认为维护自身统治最为重要，而列强并没有打算推翻清廷的统治，此时国内农民起义军声势浩大，"剿匪"已然疲于奔命，如果再与列强为敌，实在难以周旋，不如借助列强之力平定起义军。

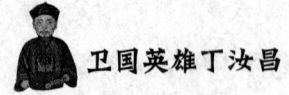

同治元年（1862）初，清政府决定向英法等国"借师助剿"，英法也同意"帮助官军"。中外反动势力就这样勾结起来，共同镇压太平天国运动。

而太平天国定都天京后，领导者被胜利冲昏头脑，不但渐渐丧失进取心，而且滋生了腐朽思想，领导集团内部开始争权夺利，终于在咸丰六年（1856）发生了为争夺权势而自相残杀的天京变乱，太平天国东王杨秀清、北王韦昌辉及燕王秦日纲三王被杀，以及约两万人丧命，翼王石达开率部远走，严重损伤了太平天国的元气，加速了太平天国的衰落。同治三年（1864）夏，洪秀全在天京病逝，不久天京失陷，太平天国败亡。此后，全国其他地区的农民起义也陆续被镇压。

军饷毕竟是一笔不小的开支。国内战事渐渐平息，为了节省军费、支付不平等条约造成的巨额赔款，清政府不得不筹划裁军。另外，李鸿章在剿捻的战事中功劳甚大，淮军的力量也十分强大，以致清廷顿生尾大不掉之感，进而对李鸿章产生猜忌之心，唯恐他借内忧外患交错之机产生非分之想。李鸿章在朝廷做事多年，对此岂能毫无察觉，也深感自己处境艰险，决定裁兵，收敛气势，让朝廷对他放心，从而也保证自身的安全。按理说，尽管裁军势在必行，但丁汝昌是屡立战功的人，怎么裁也不应裁到他的身上。

这样一员猛将毕竟难得。之所以会裁到丁汝昌的头上，实在也跟刘铭传有关。

同治十年（1871）9月，率部驻守陕西的刘铭传应李鸿章裁军消除朝廷猜忌之需，将大部分官兵遣回原籍。丁汝昌当时已经是统领六营、三千人的提督，对刘铭传这一做法十分不满，两人几乎为此翻脸。同治十三年（1874），刘铭传有一次裁兵，这次是遵照清廷裁兵节饷的指示行事，再次裁撤丁汝昌的三营马队。兵不可无将，将又何尝可以无兵？这一行动遭到丁汝昌的强烈抗议。其时丁汝昌驻扎在别处，得知此事立即写信表示反对。这次两人彻底撕破脸闹开了，矛盾加深，终生未能和解。刘铭传丝毫没有考虑丁汝昌的意见，而且受到顶撞后耿耿于怀，要借裁军的机会对丁汝昌实施报复，坚持先裁撤丁汝昌的兵员。

本来不必裁掉丁汝昌本人，应留他在军中另行委任。毕竟丁汝昌是当年刘铭传向李鸿章"乞置帐下"的干将，刘铭传对丁汝昌的胆略、才干还是非常赏识的；真要裁掉这么好的将士，刘铭传也舍不得。但两人矛盾逐渐加深，丁汝昌已经跟他闹僵到这个地步，竟敢对抗他的命令，他也只好咬牙把丁汝昌裁掉。丁汝昌心里自然也清楚，就算刘铭传考虑多方因素不裁掉他，两人既已闹僵，以后在军中恐怕还要生出许多事端。丁汝昌在刘铭传部下

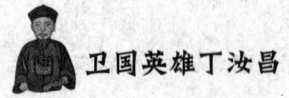

十九年，深知刘铭传的脾气和为人。此人性情暴躁，经常不问青红皂白地辱骂、处置下属，做事从不考虑后果。

丁汝昌看清形势，二话没说就带着遣资离开军中，策马回到安徽巢县南乡高林（今巢湖市居巢区散兵镇）的汪郎中村赋闲——他家已经在十年前即同治三年（1864）由庐江迁至此处。丁汝昌迁居这里，与他的续弦夫人魏氏有关。魏氏本是捻军一位将领的夫人，丁汝昌在剿灭东捻时将她掳入军中。魏氏不同于一般市井女子，她是湖北安陆府钟祥县太学生魏湘清的三女儿，出身书香门第，从小读书识字，颇有见识；端庄贤淑，堪称才貌双全。几次接触后，丁汝昌不禁对她产生了好感。丁汝昌曾娶过妻妾四人，但先后亡故三人。在他人的撮合下，丁汝昌将魏氏纳为夫人。

魏氏几次到丁汝昌的故乡庐江去，听到了当地老百姓的一种迷信说法：丁不入庐。这个说法有三种解释：一是把"丁"理解为壮丁、男人，"庐"是房屋。丁不入庐就是男人不入房舍、不在屋里守着。中国传统社会讲究男主外、女主内。屋舍是女人待的地方，男子汉应该到外面的广阔世界拼搏，最好求取功名光宗耀祖，待在屋里是没出息的，被人称为"看家穷"。二是"庐"与"奴"谐音，"奴"就是奴隶。这么一来，丁不入庐（奴）的意思就是男人不能当低三下四的奴隶，也不能当亡国奴，应当自强不息、为国效力。三是"丁不入庐"与"钉不入炉"同音，在闭塞落后的社会文化环境中，一些思想观念落后的人经常把一个字的含义跟与它同音的某个字的含义联系起来，那些被关联起来的字常常或关乎吉凶或带有价值色彩。如由"鱼"想到"余"、由"洋葱"想到"喜气洋洋"、由"四"想到"死"等。照这个逻辑来看，"钉"自然不能入"炉"，钉子入炉的结果只能是被烧毁、熔化。说到底，当地百姓口头上流传的"丁不入庐"的说法，就是姓丁的不宜在庐江居住。

不宜居住就应迁到异地，但丁汝昌少时家贫，哪有迁居的能力呢？丁汝昌从军后渐渐发达，魏氏听到"丁不入庐"这个说法就想迁居为丈夫讨个吉利。于是每次回安徽庐江她都有意管丁汝昌多要些旅费，除了花销总能留下手里一些，这样积少成多，也就有了迁居所需的花费了。在一个亲戚的介绍下，从庐江到巢县察看一番后，就在巢县南乡高林汪郎中村选了个风水不错的地方。这个地方有两眼清泉，好像两颗明珠处于龙骨山和青龙山之间，形似"二龙戏珠"，寓意是家业兴旺、子孙发达。丁汝昌在青龙山麓的汪郎中村先后建了七间砖瓦结构的平房。房屋宽敞明亮、冬暖夏凉，却是朴素的，与一般民房的唯一不同是呈"八"字形，所谓"衙门八字开"，显示出这是官宦人家。无论怎样，这房子

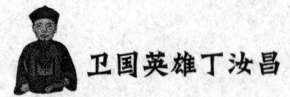

总比丁汝昌儿时在石嘴头村住的房子好多了。

这汪郎中村，就坐落在"二龙戏珠"的风水宝地。此处民风淳朴，清静宜人，丁汝昌被裁撤回乡，初时待在家里倒也惬意，每天待客会友，有一种不同于军旅生活的新鲜感、清静感。可是时间一长他又心忧国事，一刻不停地怀念军中的生活，终日长吁短叹、寝食难安。

其时国家灾难深重。西方侵略者在帮助清政府镇压农民起义后，进一步加紧对中国的侵略。美国、日本联合武装入侵宝岛台湾；沙俄侵略者长期盘踞伊犁地区，企图分裂中国；英国侵略者则将侵略之手伸向处于中国内地的云南、西藏等地；中亚浩罕汗国（版图包括今哈萨克斯坦南部部分地区、乌兹别克斯坦东部以及塔吉克斯坦与吉尔吉斯斯坦部分领土）的阿古柏长期占领新疆。这些势力经常寻衅，最终目的是向清政府索取不正当利益。清廷忍无可忍也时常进行反抗。各国侵略者是中国的敌人，侵略者之间往往也因利益分配不均而互相仇视、进行斗争，中国则是灾难的最终承担者。丁汝昌忧心忡忡。

魏氏看到他整天愁眉不展的样子，劝慰说："家里好歹有些田地，好好耕种总能吃饱肚子了。大丈夫建功立业总会遇到时机的，暂且安心等待时机来临吧。"丁汝昌觉得魏氏说得有理，就暂时闲居下来，盼着为国效力的时机早日到来。

刚回到家乡，丁汝昌意气豪迈，热情犒赏跟从他的兵士，慷慨地馈赠故旧和亲戚，连马都送给了有需要的人。人人围着丁汝昌，赞美他的话不知说了多少，有的说早就看出丁汝昌是个有大出息的人，有的说丁汝昌住在这里是大家的福气，有的说丁家的祖坟埋对了地方，有的说丁汝昌以后还要当更大的官。

丁汝昌在淮军作战骁勇，连连升迁。作为高级武官，骑在战马上威风凛凛，神采奕奕，身上早就不见了当年那个苦孩子的影子。他刚回乡那段时间，亲戚、朋友、村邻纷纷前来拜访，都以为他是回来探亲的，丁汝昌则热情地请他们吃饭喝酒，跟大家促膝长谈。尽管他如实告诉众人，自己是因朝廷裁军被裁撤回家的，大家却不太相信。后来看丁汝昌确实住了很久还没回去，才相信了他的话。大家也就渐渐来得少了，有时很多天也没一个人来，丁汝昌不能不感到一种莫名的寂寞。

丁汝昌一直关心着国家安危。跟村民们闲谈时，谈得最多的也是中日关系。他说中国和日本注定相克，中日必有大恶战。为什么这么说呢？丁汝昌总是亦庄亦谐、风趣幽默地谈论他的这一看法，他说了四个理由，大家听得津津有味。

其一，中国自古以来就以世界之中心自居，自称天朝，认为

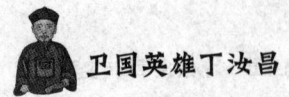

自己有最伟大的文明，把中国之外的地方都称作蛮夷，不放在眼里，对蕞尔小国的日本尤其如此。而日本也自视甚高，以太阳升起之地自居，自称日出之国、太阳之根本。所以日本信奉太阳，早在一千多年前太阳图案就成了日本旗帜上必不可少的组成部分，日本国旗是太阳旗。日本人传说日本是太阳神创造的，天皇是太阳神的子孙，他们认为日本民族是世界上最优秀的民族，理应称霸世界。所以日本最高统治者称为"天皇"，天皇曾说：大日本的国旗是太阳旗，太阳是唯一的，阳光普照世界，日本要建立起自己的日不落帝国。中国与日本之间只隔着朝鲜，日本称霸世界当然要从朝鲜和中国开始了。

其二，从中日两国的地图也能看出来。中国似乎在说：我是一只大鸡，台湾是我下的一只鸡子，日本是一条小虫，乃我口中之食。日本似乎在说：我是一只蚕，中国虽大，只是一片桑叶，蚕当然要吃掉桑叶。

其三，从"中""日"两个字的形状看。中国的"中"字，日本想推倒后掐头去尾变成个"日"字，就是要有选择地占领中国——丁汝昌这里说的，确实有些史实来支撑。日本明治维新后，国力渐渐强大，于1869年制定、颁布了旨在侵略朝鲜和中国的"大陆政策"。第二年日本军方又将"大陆政策"具体化，出台了《征讨清国策》，并设想一旦打败中国就将中国辽东半岛、舟山群岛、台湾、澎湖列岛和长江两岸等肥沃富庶之地直接纳入日本版图；中国的其余部分，则分为东北、华北、江南、内外蒙古、甘肃、青藏、准噶尔等七个小国作为日本附属国。

其四，从中日两国国旗看。大清国国旗的图案是飞龙戏珠，日本国旗的图案是太阳。这太阳看起来就像飞龙所戏的珠子。大清国旗上，那飞龙不是正在追逐那颗珠子吗？日本却觉得这颗珠子就是逗飞龙玩儿的，飞龙总是要围着这个珠子转，珠子要把飞龙引到哪里就引到哪里。

丁汝昌笑笑说，由这些都能看出中日两国有矛盾，是要战争的啊。他还对乡亲们讲，14世纪至16世纪日本侵略朝鲜，企图以朝鲜为跳板侵略中国，不断对中国东南沿海地区进行骚扰，英雄戚继光和沿海人们英勇抗击倭寇，进行了不屈不挠的斗争。丁汝昌说：只有这样斗争才能保卫家园。

同治十年（1871）10月，琉球宫古岛民的一艘进贡船在海上航行时遭遇台风，漂流到台湾南端，船上六十九名乘客溺死三人，六十六人上了台湾岛。但后来他们因闯入高士佛社台湾原住民住地，五十四人遭到台湾原住民杀害，逃过一劫的其余十二人则在当地汉人营救下前往台南府城，然后转往福州由清政府护送回国。

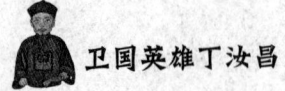

当时，琉球是清朝附属国。琉球王国在明朝时是中国的藩属国，中国与琉球的宗藩关系有五百多年之久。自明初以来，琉球与中国的关系就很密切，琉球不断向中国进贡，琉球历代国王都接受中国册封。明洪武五年（1372），明太祖朱元璋对中山王察度发布诏谕。山北、中山、山南三王向明政府朝贡。琉球成为明王朝的藩属。清朝建立以后，琉球使节于清顺治三年、南明隆武二年（1646）来华，受到顺治帝的接见。从此，琉球使节与清廷往来不断。康熙元年（1662），清廷派遣兵科副礼官张学礼为正使出使琉球。此后，每逢琉球新王继位，都有清朝使节前往册封与庆贺。康熙二年（1663）和乾隆二十一年（1756），清帝两次赐印给琉球国王。但是，日本在江户幕府时期却用武力迫使琉球王国向日本进贡，于是琉球只好同时对清廷和日本称臣进贡。日本明治政府一直想让琉球只向日本进贡称臣，进而吞并琉球。

琉球漂流民事件经清政府处理后已然平息，无人对此提出异议，日本政府也不知道此事。次年，日本使者到中国换约，恰好从清政府的邸报中看到这个消息，于是向日本作了报告。同治十二年（1873）11月，日本政府派外务卿副岛种臣以"中国派遣特命全权大臣"的身份出使中国。随员柳原前光到清政府总理衙门询问琉球漂流民被杀事宜，实质无非是试探清政府对琉球、台湾的态度。柳原前光说："前年冬我国人民漂流至该地（台湾），遭其掠杀，故我国政府将遣使问罪。"清廷总理衙门大臣、吏部尚书毛昶熙和户部尚书董恂说："夫二岛俱我属土，属土之人相杀，裁决在我。我恤琉人，自有措置，何预贵国事而烦过问？"清廷明确表示琉球漂流民已接受中国的抚恤及遣返处理，此事与日本无关。柳原前光却说琉球是日本的国土，清政府应惩罚杀害琉球人的台湾原住民。毛昶熙说："杀人者皆生番，故且置化外。"这话原是为杀人者作解释，认为他们不应受日本所谓的惩罚，不料却正中副岛种臣之下怀，日本开始拿"化外"二字大做文章，对其进行歪曲解释；说既然那些人居于"化外"，那里就不属于中国领土。

这显然是在为进攻台湾制造借口。

同治十三年（1874）5月，受到美国人力、物力方面的支持的日本发兵三千多人在台湾琅峤登陆，对台湾进行大肆侵略，并开荒屯田赖下来不走，企图先占领台湾东部，再逐渐攻略，最后将台湾并入日本版图。

台湾人民奋起反抗，清政府派兵六千多人增援台湾。对当时的日本来说，这次行动带有一定的冒险性，因为中日两国力量悬殊，日本弱于中国，国际舆论也不支持日本。但由这件事不难看出日

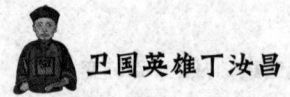

本的野心已经到了何种程度。日本见形势对自身不利，就派出公使到北京谈判，想结束战事。

日本公使于 9 月来到清廷，说是谈判，却还带着些恫吓。日本公使说日本方面对结束战事"有诚意"，但日本出兵台湾费了许多钱财，中国也不能让日本军队空手而归，应该支付一些军费，然后日本再撤兵，这样双方面子上都过得去。

清政府知道自己在战争中居于优势，否则日本也不会来谈判，那么以赔款来结束战争实在不合适。与此同时，清政府又不想在这件事上耗费太多精力，就有了息事宁人的意思，表示可以考虑对在台湾被害之人酌情"抚恤"——这也就等于同意赔款。

10 月 31 日双方签订《北京专约》，专约上将琉球人遇害写成了"日本国民遇害"，日军进攻台湾则被写成"保民义举"。清政府以抚恤的名义赔偿日本白银五十万两。这个条约为日本兼并琉球提供了口实。后来，日本果然占领琉球，将琉球更名为冲绳县。

此事令丁汝昌十分愤慨，消息传来他不禁拍案而起，大怒道："海疆不固，何以家为！"他真恨不得立刻驰骋疆场痛杀敌寇。

日本侵略台湾事件平息后，清政府将因为日本侵台而暂时放下的收复新疆计划重新提上议程。新疆被中亚浩罕汗国的阿古柏占领十多年。光绪元年（1875）3月10日，清廷命大臣左宗棠筹划西征阿古柏事宜，担任西征大军总指挥官。左宗棠经过两年奋战，到光绪三年（1877）收复了新疆。5月29日凌晨，预感到灭顶之灾已然降临的阿古柏服毒自杀。

左宗棠收复新疆一事，让丁汝昌难抑心中澎湃的豪情。他羡慕、敬佩左宗棠，希望能像左宗棠一样为国立功。丁汝昌再也不想闲居在家里了。他怕闲居的时光会把他的力气耗尽。而且，裁军时的遣资也已经花得差不多了，生活日渐拮据，一个武将无论如何不能再在家里一天天虚度光阴。

第三章

李鸿章任命他为海军统领

光绪三年（1877）秋天，丁汝昌离开家乡，动身北上，打算去北京谋个差使。

丁汝昌曾经纵横疆场立下赫赫战功，尽管一度闲居在家，在朝廷依然有名声。连慈禧太后也知道丁汝昌是一位骁勇善战的猛将，对他十分看重。慈禧太后在紫禁城亲自召见了这位战功卓著的淮军将领。但是，由于朝廷无人保奏，慈禧太后在一番例行问候之后，就降旨把丁汝昌发往甘肃差遣。当时甘肃有一起牧民起义，清廷正要用人去剿灭。

丁汝昌谋职的目的是痛杀外敌，不料慈禧太后却把他派到甘肃去残杀国内起义军。他打心里不乐意。过去的戎马生涯中，他随着程学启、刘铭传多次剿杀太平军、捻军，现在再也不愿杀害中国人了。但是，懿旨已经发下，谁也不敢抗旨不从。丁汝昌陷入了进退维谷的境地。

闲居在家绝不是长久之计，谋得差使剿杀国内起义军也非他

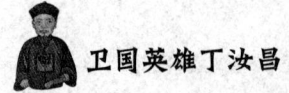

所愿。进也不是，退也不能，如何是好？焦急中，丁汝昌决定去找李鸿章。他抱着一线希望，从北京赶赴天津，拜谒自己在淮军时的统领、时任直隶总督兼北洋通商事务大臣要职的李鸿章，想恳请这位老恩师、老长官伸出援手，为自己另谋良差。

李鸿章的总督衙门气势宏伟，警卫看得很严，丁汝昌走上前去，谦逊地提出拜见李鸿章。警卫看他衣着朴素，不像个为官的人，怀疑他不可能与李鸿章有交往，也就怠慢得很，不肯让他进门。丁汝昌有些气愤，心想真是虎落平川、今非昔比。担任过军中大员的丁汝昌，多大的官员都接触过，多大的场面都见过，他身上还是有几分派头的。丁汝昌见警卫不应，便厉声道："安徽老乡、淮军旧将丁汝昌求见中堂大人，还不速去禀报！"

警卫一听，才知道这个衣着简朴、表情刚毅的汉子确实有些来头，立刻进去禀报，不一会儿就请丁汝昌入内。这次拜见李鸿章，成为丁汝昌人生中的又一次重大转折。

当时，李鸿章正在筹建北洋水师，终日为选择统将操心。李鸿章深知一个精明强干的统帅对一支军队的重要意义。他反复思考，不知道这个任务交给谁才能让他放心。丁汝昌的出现让李鸿章喜出望外。他早就非常看好丁汝昌，也深知他与刘铭传的嫌隙，正由于顾虑到刘铭传那一层，他以往难以为丁汝昌委派任务，唯

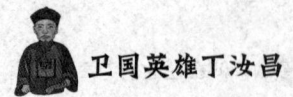

恐直接任用丁汝昌会挑起更多矛盾。如今，丁汝昌已经跟刘铭传分道扬镳，李鸿章也不用有那么多顾忌了。

李鸿章正在为筹建水师物色人选，而且深知丁汝昌的为人，将他视为不二之选。他立即接见自己当年的淮军部将丁汝昌，并且直告："如今我正打算创建海军，但缺乏人才统率，你如果能赴英国学习海军事务，毕业归来，就把统领海军任务交付给你！"

听了这话，丁汝昌只觉喜从天降，心中充满感激。他感激自己的老长官不忘旧情，了解他、信任他，被裁撤返乡赋闲回来就立刻要任用他。军中的部将个个都不差，岂是人人都能遇到这样的大恩人、好机会？

丁汝昌十分感激李鸿章对自己的信任和肯定。他着实打心里感到高兴，可是一转念，又深知这差事并不好干。丁汝昌不是没有自知之明。他知道自己读书少，根本不懂海军，出国学习对他来说恐怕更加困难。一想到这里，他顿时觉得肩上的担子重重的。这是他离家北上时没有料到的。

但是，说到底，在李鸿章身边重新寻找机遇，从头开始踏踏实实地做一番事业，总比按慈禧的指派去甘肃杀伐要好多了。丁汝昌对李鸿章深深鞠躬，说："多谢大人信任。汝昌愿辅助大人兴建海军，效犬马之劳！"于是，丁汝昌借口伤病复发需要休养，呈请兵部允许他推迟去甘肃的行期。李鸿章也给了丁汝昌充分的帮助，让他留在天津静候时机，等待担任海军的新职务。

严格来说，中国在清朝光绪之前只有水师而没有海军。《清史稿》记载："中国初无海军，自道光年筹海防，始有购舰外洋以辅水军之议……李鸿章筑船坞于旅顺，练北洋海军，是为有海军之始。"但从宽泛的意义上讲，历史悠久、面临着巨大海洋的中国早就有过"海军"。

中国是一个有着长达1.8万多公里海岸线的濒海大国。早在隋唐时期，中国就有了一支包括"艨艟""斗舰""走舸""海鹘"等各型战舰的庞大海军，并在公元663年的白江口海战中大破日本海军，取得了辉煌胜利。到了明朝郑和下西洋时，中国的海军建设达到了巅峰，此时的中国海军无论是吨位或是火力都远远超在世界各国之前。但此后明清两代皇朝都采取了闭关锁国的消极防御政策，从此中国的海军建设陷入了停滞、倒退的境地。

到了19世纪，第一次、第二次鸦片战争的失败刺痛了中国人的心灵，大清帝国再也不能以"天朝上国"自居，面对国土的沦丧、内忧外患的加深，朝野上下有识之士纷纷探索强国之路，"师夷之长技以制夷""以夷攻夷"等主张充斥中华大地，清廷面对对外作战接连败北的局面也深感海防的重要，决心对旧式水师进

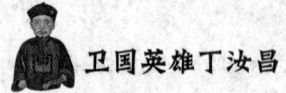

行革新。同治五年（1866），清廷批准了闽浙总督左宗棠的奏折，在福建马尾设立总理船政事务衙门，并开设造船厂和水师学堂，迈出了建立近代海军的第一步。不久，左宗棠调任陕甘总督，由抗英名将林则徐的外甥沈葆桢接任。沈葆桢接任后一面扩大马尾船厂规模，一面加紧制造战舰、培养海军人才，"成一船即练一船之兵、配一船之官"，经过多年苦心经营，马尾船厂成为了当时远东第一大船厂，而福州船政学堂培养出的人才更成为中国近代海军的骨干中坚。

同治六年（1867），时任江苏布政使的丁日昌向清廷提出他的设想，认为以新式轮船为标志的未来中国海军应分为三路。其一为北洋提督管辖，驻扎大沽，禁卫京门，防御北向海上，范围是直隶（河北）、盛京（辽宁）、山东沿海，这基本包括了辽东半岛和山东半岛，将渤海视为海上门禁。其二由中洋提督统率，驻扎吴淞江口，防御东海洋面，范围是江苏、浙江沿海。其三由南洋提督指挥，驻扎厦门，主要防御福建和广东沿海。丁日昌进一步提出，三个方向的海军平时各守一方，尽守卫之责，战时则联为一体，集中力量共同对敌。

不难看出，丁日昌很有胆识和远见。他的这一设想是中国近代第一个海军部署方案，在中国海军史上占有重要地位。事实上中国海军后来的战略布局也基本是符合这一思路。

同治十三年（1874），发生日本侵略台湾事件，清廷急派沈葆桢率"安澜""伏波"等舰前往台湾，当时双方兵力悬殊，慑于清军威力，日军被迫逃离台湾。日本那时是一个落后的小国，在得到了几艘外国军舰后居然也敢侵犯大清帝国，这一事件使得中国举国上下大为震惊，清政府隐约感到日本"将为中国永久大患"，恭亲王提出了"练兵、简器、造船、筹饷、用人、持久"等六条紧急机宜。11月19日，在家养病的丁日昌提出《拟海洋水师》章程，再次向朝廷提议建立"三洋"海军。面临当时的情势，李鸿章提出"暂弃关外、专顾海防"，建议建立北洋、南洋、粤洋三支海军，还主张购买铁甲船舰。在洋务派的一致努力下，"海防"之论压倒"塞防"。清政府决心加快建设海军，于光绪元年（1875）5月30日下令，由沈葆桢和李鸿章分任南洋、北洋大臣，尽快建设南洋、北洋水师，并决定每年从海关和厘金收入中提取四百万两白银作为海军军费，由南洋、北洋共同使用。林则徐的女婿、南洋大臣沈葆桢从大局出发，认为应该首先建立北洋水师。

沈葆桢认为，朝廷经费有限，如果分散建立南洋、北洋水师，难免用度不足，"外海水师以先尽北洋创办为宜，分之则难免实力薄而成功缓"，主动提议先集中力量建北洋水师，这样中国就

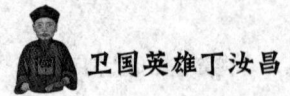

会很快拥有一支强悍的水师队伍。

清政府考虑到中国当时应大力防范日本，就采纳了沈葆桢的建议，决定先创设北洋一军，等北洋水师实力雄厚，再"以一化三，变为三洋水师"。

光绪元年至光绪五年（1875—1879），李鸿章委托担任中国总税务司的英国人赫德从英国阿姆斯特朗兵工厂订购了"镇东""镇南""镇西""镇北"等八艘蚊炮船用于守口，又订购了"超勇""扬威"两艘巡洋舰。不久，由于发现赫德所购的军舰质量较差，李鸿章转而向德国订造军舰。1879年，日本吞并琉球后，清政府鉴于形势紧迫，立即命令李鸿章加快购买铁甲舰的速度。于是，李鸿章派江南制造局的徐建寅和驻德国公使李凤苞在欧洲各国访问，经过一番考察，最后选定在德国伏尔铿船厂订造两艘铁甲舰"定远""镇远"及一艘铁甲巡洋舰"济远"。为保证造舰质量，李鸿章特派曾留学英、法的刘步蟾、魏瀚、陈兆翱、郑清濂驻厂监造，凡不合格者都要求返工。李鸿章还派管轮学生陆麟清带领工匠领头黄带、林祥光、陈和庆等人驻厂随同练习，希望船舰造成时他们的相关学识也能变得扎实。

1879年11月，李鸿章从英国订购的"镇东""镇西""镇南""镇北"蚊炮船陆续回到中国，北洋舰只逐渐多起来，于是他向清廷奏请，将淮军记名提督丁汝昌留在北洋，暂任提督。1881 年（光绪七年）9 月、10 月，在英国订造的巡洋舰"扬威""超勇"，蚊炮船"镇中""镇边"也先后回到中国。经过多方筹备，北洋海军终于初具规模。

在北洋水师即将成军之时，光绪九年（1883）中法战争爆发，由于惧怕北洋水师的铁甲舰开回国内助战，法国政府向德国施压，行将回国的"定远""镇远"被迫滞留在德国。1885 年（光绪十一年）中法战争结束，中国不败而败，法国不胜而胜，福建水师在这次战争中大败，几乎全军覆没。清朝廷在战争结束后当即下旨"当此事定之时，惩前毖后，自以大治水师为主"，并正式设立海军衙门，任命醇亲王奕譞总理海军事务，庆郡王和李鸿章协办。这个命令再次加快了北洋水师的建军速度，同年，铁甲舰"定远""镇远"，巡洋舰"济远"回国，并又向英、德两国各订造两艘新式巡洋舰。光绪十三年（1887）在外订购的"致远""靖远""经远""来远"竣工，李鸿章下令邓世昌、叶祖珪、林永升、邱宝仁出洋接带，并于 1887 年秋将其带回中国。

至此，中国所有在外订购的军舰已全部回国。加上原有的自造舰只，北洋水师的舰艇总数达到五十余艘，计五万多吨。在外购舰只的同时，李鸿章亲自选定位置，在威海卫和旅顺两地建设

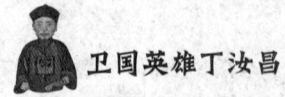
北洋水师基地。在耗费了巨资后，威海卫成为北洋水师永久泊地，旅顺军港成为维修基地。配套的后勤补给设施也全部建成，各水师学堂向北洋水师输送了大批海军人才。

光绪十四年（1888）12月17日，在旌旗飘扬的刘公岛上，清政府正式宣告北洋水师成立。当天，由刘步蟾等将领参与制定的《北洋水师章程》，也由清政府颁布施行。中国人拥有了一支像样的海军。

有人看到李鸿章和丁汝昌同为淮系，就说李鸿章任用丁汝昌为北洋海军提督是"任人唯亲"，这样说是缺乏依据的。事实上，筹建海军、定购船舰的过程中，李鸿章一直在物色合适的海军统领人选。军旅起家的李鸿章深知"千军易得，一将难求"的道理。将领是军队的灵魂，他对遴选北洋海军将领一事十分慎重。以李鸿章的权势和威望，甘愿鞍前马后为其驱使的才俊数不胜数；即便不属于淮系，他也完全能够合理掌控，使人听其指挥。

李鸿章认为，合适的海军提督人选必须具备两个条件，一是有实战经验的将才，二是懂得海军事务。但当时中国初创海军，缺乏这样的人才。虽然有福州船政学堂的毕业生，但这些学生毕业时间不长，缺少实际历练，没有带过兵、打过仗，资历尚浅，显然是难以担当大任的。自光绪六年（1880）起，派到英国深造的第一批海军留学生陆续学成归国，先后被李鸿章网罗到北洋，指派为炮船及新购巡洋舰、铁甲舰管带。这些人是福州船政学堂派往国外留学的。李鸿章任用这些学生官一段时间后，发现他们还是缺乏锻炼，"文秀有余，威武不足"，"不似武备院中人，然带船学问究较他处为优，在因才器使，随事陶成而已"。这个评价是比较客观的。虽然派往海外的留学生有过较为系统、全面的学习，理论也确实能够指导实践，但他们还没有完全实现从学生到军官的转变。光绪九年（1883）年初，受聘为北洋海军总查的英国海军军官琅威理上任不久，就抱怨由船政学堂毕业生和海军留学生担任管带的巡洋舰存在诸多弊端，现有人员素质差，整顿起来必将十分费力。可以想见，如果担任军舰管带这一职务尚且不能完全胜任，出任海军统帅就更不可能了。这样一来，李鸿章只能选用具有实战经验的将才。

恰好此时，丁汝昌出现在他面前。当然，懂得海军事务也是十分必要的。丁汝昌虽然不懂海军，却毕竟是驰骋疆场二十年、战功卓著的老将。他还有一个长处，就是谦虚好学，从来不会不懂装懂、故弄玄虚。孔夫子"知之为知之，不知为不知"是他的信条之一。他曾批评一个弄坏了鱼雷的外国"专家"——损失一个鱼雷并非什么大事，但装成专家是不应该的，"我虽然是这里

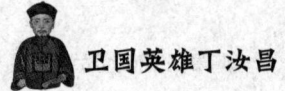

的提督，但我什么时候不懂装懂过呢？"

经过物色、比较，丁汝昌显然是最合适的统领人选。至于丁汝昌对海军事务缺乏了解的实情，李鸿章也心知肚明。他已经就此作了打算，准备聘请一位优秀的英国海军专家担任丁汝昌的教习，逐渐弥补丁汝昌的不足。

光绪五年（1879）11月29日，李鸿章奏请以前淮军记名提督、协勇巴图鲁丁汝昌留在北洋海防差遣，担任炮船督操。就这样，由于李鸿章兴建水师，在家闲居已久的丁汝昌得遇良机，重新来到李鸿章门下，开始了他的海军指挥官生涯。这是丁汝昌人生之路的又一个重要转折，这一年他四十三岁。

第四章

到英国订货的北洋水师

丁汝昌一生中第一次，也是唯一一次欧洲之行，是去英国接收订购的战舰。

光绪六年（1880）年底，清政府在英国阿姆斯特朗船厂订购的一千三百五十吨级巡洋舰"超勇"和"扬威"即将交付。李鸿章请奏，经朝廷批准，派北洋海防督操、记名提督丁汝昌率领管带林泰曾，副管带邓世昌，大副蓝建枢、李和，二副杨用霖，正管轮黎星桥、陈学书，副管轮王齐辰、陆宝，管队袁培英、何桂福，军医江永、杨星源，总教习葛雷森，管驾章斯敦，随行的文案池仲祐等二十人，以及严格遴选的来自山东荣成、文登、登州（今蓬莱）等地，原属旧式登荣水师的二百二十四名舵工、水勇、夫役组成接舰部队，前往英国接舰。

这一行接舰人员中，葛雷森是英国人，同治九年（1870）进入中国海关，曾任"飞虎"号管驾，又做过粤海关副总税务司，对中国的情况比较熟悉。他于 1879 年至 1883 年担任北洋水师第

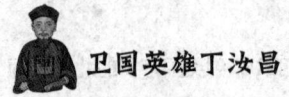

一总教习。

1880年12月6日，天津城外的西沽一派热闹、喜庆的景象。中国海军史上第一个大规模赴英接舰团在这里启程。停泊在这里的各国军舰都悬挂旗帜，鸣放礼炮，向正在出港的招商局"丰顺"号轮船表示敬意和祝福。此前，中国在外购买的军舰，都是花重金请国外技术人员驾驶到中国。造舰、收舰都是一笔不小的开支。为了培养、锻炼自己的海军人才，也为了节省经费，李鸿章经过与赫德的反复争辩，决定派出中国自己的海军官兵前往英国接收"超勇""扬威"号巡洋舰。

12月10日黎明，接舰队伍抵达上海，借住在南洋水师的"驭远"号军舰。当天下午，对各个岗位进行区分后，开始定制各类军服和旗帜。重任在肩，为保证不延误工期，丁汝昌还要求供货商立下军令状。接舰队伍也被划分成两部，一部由林泰曾、杨用霖管理及操练，另一部则由章斯敦、邓世昌训练。

23日，丁汝昌协同葛雷森等率先乘坐法国商轮前往英国，计划等船舰验收事宜完成后，再让大部队前往，这样一是能节约经费，二是能让队伍得到更充分的操练。留在上海的部队由林泰曾和章斯敦管理，此处一切公事也暂由他们处理。

光绪七年（1881）2月10日，丁汝昌等抵达英国伦敦。丁汝昌深知此次赴英既是接舰，又是他开阔眼界、充实学识的极好时机，因此时时察看、处处留心，不遗余力地研究海军事务。

2月14日，丁汝昌等前往纽斯卡尔，察看中国订购的巡洋舰"超勇""扬威"号。

4月18日，丁汝昌等到德国伏尔铿造船厂参观了中国订购、正在建造中的三艘铁甲舰"定远""镇远""济远"号。

4月22日，丁汝昌等在清廷海关外籍官员金登干的陪同下拜访了英国海军部，会见了凯古柏海军上将、豪斯顿·斯图尔特海军上将及设计师巴纳贝，观看了最新型军舰的图纸和模型。

此外，丁汝昌还马不停蹄地先后在英、法、德诸国参观了军港、炮台、兵工厂、造船厂。欧洲之行使他大开眼界，从此对欧洲近代海军有了较深了解。

光绪七年（1881）2月14日，招商局商轮"海琛"号经过改装，焕然一新；原来的货仓被改成了住仓，可以安排三百个床位。当天，又经过一段时间训练的接舰部队，全部移居到"海琛"号上。船上的人一下子多起来，为了解决舵工、水手、升火等岗位人手短缺的困难，林泰曾又在上海临时招录了四十人，接舰部队的水兵数量上升为二百六十四名，气势确实不小。等了几天，到了2月20日，丁汝昌从英国发来电报，命令接舰部队出发赴英。

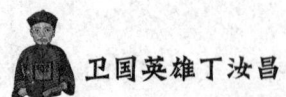

2月27日上午9时，接舰部队出发前，吴淞炮台鸣放大炮，声势震天。驻在港口内的南洋水师各军舰全部升旗、鸣炮。这块土地曾洒下江南提督陈化成的热血，如今，赴英接舰的队伍也从这里整装待发。春寒料峭，"海琛"号载着中国海军官兵拔锚开向英国伦敦。

经过近两个月的漫长航行，4月22日入夜，"海琛"号迎着雨雪，风尘仆仆来到伦敦。工业文明已经在西方的这块土地上生根，并且结出累累硕果。望着港口的灿烂灯火，第一次来到国外的中国海军官兵禁不住心潮澎湃、热血沸腾。这些官兵此时并不知道，先于他们到达英国的提督丁汝昌，已经在当天下午拜访过海军部，进行了中英两国高级海军军官第一次的、具有历史意义的交流；此前丁提督还亲自监督了"超勇""扬威"号试炮；在伦敦期间，丁汝昌受到维多利亚女王接见，并在中国使馆配合下，在英国海军界开展了一系列公关活动。

很快地，4月24日清晨，"海琛"号就进入泰恩河，在英国引水员的导引下到达劳沃克。劳沃克是米切尔船厂所在地，官兵们日夜期待的"超勇""扬威"号巡洋舰就是在这里建造的。见到两艘巡洋舰，官兵无不振奋。第二天，从伦敦赶来的丁汝昌登上"海琛"号慰问前来接舰的官兵。慰问之余，他还没有忘记叮

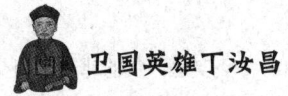

嘱全体官兵早上和晚上都要站班、点名，要求各个岗位上的人恪尽职守、天天正常办公，如同在兵船上一样。

4月30日，"海琛"号抵达纽卡斯尔，停泊在埃尔斯维克——阿姆斯特朗公司的所在地。一路上，"海琛"号吸引了许多人的目光，岸上的人们争相观看船上悬挂的龙旗。清政府将龙旗作为国旗。龙旗是中间画着飞龙戏珠图的黄色三角旗。挂着这面旗帜的中国舰艇，此前只在中国沿海或东亚、东南亚地区航行过，如今却在欧洲的国土上飘扬。旗帜迎风招展，官兵精神抖擞。中国人的到来在整个英国引起了轰动。那几天，由于中国水兵轮流放假休息，不断有人从船上来到岸上，不少英国人由于好奇前来观看。人们依稀记得二十几年前那场焚烧圆明园的大火，而今，人们看到这个古老的东方民族好像正在努力挣脱缚在身上的绳索，想要振翅而飞，把新的姿态呈现在世界面前。到岸边看船的，看中国水兵的，络绎不绝，多达上千人；无论男女老幼，有的干脆到靠岸的船上去，怀着惊讶和好奇，细细地看船、看人。中国官兵中有一些读过书、受过教育的，懂得英文，就用英语跟这些英国人说话，双方很快就交上了朋友。英国人对跨越重洋、不远万里来到此地的年轻的中国海军非常热情、友好，三三两两地上船参观的人一天比一天多。为了对中国官兵表示欢迎，纽卡斯尔市市长要尽一尽地主之谊，特意邀请中国官兵看马戏——每个官兵都到场，一个也不落下。官兵坐车前往剧场，一路上观看他们的人比岸边还多，不少人还用手挥动帽子致敬。

其间适逢火车的发明者斯蒂芬森百岁诞辰，纽卡斯尔市政府举行盛大的宴会。丁汝昌、林泰曾应邀出席了宴会，来参加宴会的还有当地官员、士绅和各个领域的名人，共有四百多人来赴宴。席间，纽卡斯尔市长和阿姆斯特朗起身向丁汝昌、林泰曾祝酒，表达对中国和中国海军的感情。丁汝昌和林泰曾举杯回敬。林泰曾说起英语十分流利，他致辞说：中国提督丁汝昌向在座诸位致以深深的谢意，不仅仅是感谢邀请我们出席今天的宴会，还感谢中国官兵到英国以来所受到的诸位和本地民众的优待；但愿两国永远和睦，勿忘旧好。"且斯蒂芬森百年寿庆，我中国官员得赴盛宴，何胜荣幸，愿斯蒂芬森子孙世享其泽。夫斯蒂芬森创立火轮车，美利几遍各国，我中国他日用之大获其利，则中国之幸，亦诸君之幸也"。由这番致辞不难看出中国官兵的世界眼光和上进思想。林泰曾的致辞当即引起轰动，赢得一阵阵热烈掌声，第二天当地的报纸就刊登了讲话全文。

这段时间，赴英接舰的中国官兵体验到了英国文明，对英国人的社会生活有了一定了解。然而，军舰并没有像他们想象那样

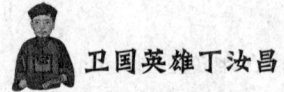

如期完成。由于遇到材料涨价、设计修改、工人罢工等诸多麻烦事，工期延误了。尽管米切尔船厂甚至想把智利船上的部件拆给中国的军舰使用，但"超勇""扬威"号的工期还是受到了影响。此外，房子一旦竣工就可以住人进去，军舰则不然。军舰竣工后还要接受检验，也就是"航试"。航试合格才说明军舰质量过关，可以交工。两艘军舰竣工后，不巧天公不作美，又遇上持续的恶劣天气，试航只好一再延期。在种种不可抗力的作用下，合同规定的春天交船日期早已过去。远在天津的李鸿章念及军舰，忧心如焚，英方造船效率如此之低，既令他失望，又令他愤怒。他一再催促赫德发电报询问军舰制造一事的进展。光绪七年（1881）的六七月间，赫德发往英国的电报和信件数量远远超出以往，而且书信和电报中出现频率最高的词就是巡洋舰，如："巡洋舰误期使李震怒，日益不耐烦。请立即把船派出，如再拖延，恐将下令不予提货！""巡洋舰何时起航？"甚至"巡洋舰是否永不起航？！"可见李鸿章催促之急迫。

这段时间，陪同丁汝昌访英的金登干，压力也空前地大。作为清廷海关外籍官员，他既要全力以赴应对大洋彼岸赫德的一再催促，努力对情况作出解释，平息赫德和李鸿章两个人的怒气，还要面对身边的丁汝昌的脸色，忍受阿姆斯特朗公司和米切尔船厂的抱怨。

终于，他在煎熬中迎来了1881年7月14日、15日。在这两天里，在中国海军军官的监督下，已然竣工的"超勇""扬威"号进行了航速和射击测试，结果还是令人满意的。离海岸不远的海面上，两艘军舰在距离近11海里的两点间各自跑了个来回。经检测，"超勇"号轮机功率2800马力，航速16.5节；"扬威"号虽然在测试途中为避开误闯进来的渔船而一度偏离航线，也取得2700马力和16节的好成绩。这说明两艘巡洋舰的设计都达到了要求。27日，两艘军舰补充了短缺的补给品，到母厂进行了最后一次检修：清洗船底、油漆船身、更换螺旋桨。很快，8月2日，中国接舰部队正式登上军舰。"超勇"号由林泰曾、杨用霖率领的部队接收，"扬威"号由章斯敦、邓世昌率领的部队接收。丁汝昌和总教习葛雷森以"超勇"号为旗舰。

次日凌晨，曾国藩之子、中国驻英公使曾纪泽在海军留学生日意格等人陪同下，从伦敦乘火车抵达纽卡斯尔。下午2时，曾纪泽主持了中国巡洋舰的升旗仪式。

曾纪泽（1839—1890），字劼刚，号梦瞻，湖南湘乡白杨坪（今属双峰县）人，清代著名外交家，曾国藩之子。光绪年间担任清政府驻英、法、俄国大使。他一生没有进过正规书院，主要靠自

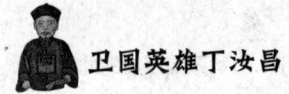

学成才，学贯中西，是当时秉承"经世致用"思想的官员，官至户部左侍郎。

曾纪泽在二百多名中国海军官兵和三十多位英国官员、船舰制造商等人的注视下，亲手将三角龙旗升上"超勇""扬威"号的旗杆。龙旗在微风中飘扬，两艘巡洋舰礼炮齐鸣。在场的中国官兵无不豪情满怀，深深体会到国家尊严的意义。在旁边观看的英国群众则大声欢呼表示祝贺。随后，两艘高悬龙旗的军舰又开出港口测试航速和大炮，傍晚寄泊在加罗斯拉克。英国海军部的总工程师、海军上将豪斯顿·斯图尔特爵士，费雷德里克·拉姆斯威尔爵士等都出席了升旗仪式，他们还详细检查了两艘巡洋舰。

临别时刻，纽卡斯尔市长发来一封信："纽卡斯尔市长谨向丁提督致敬，并通知他，在今天举行的市议会上，一致决定在他离开泰恩河之前向他献一份祝词。丁提督如能见告何时接受这份祝词方便，在他船上抑或在市政厅举行，本市长将不胜感激。"

1881年8月9日，天气晴朗，万里无云。下午1时，"超勇""扬威"号拉响汽笛，向这块土地作最后的告别，带着当地居民的祝福离开纽卡斯尔。巡洋舰上的中国海军官兵将铭记这段难忘的时光，纽卡斯尔的市民显然也不会忘记这些年轻英勇的中国水兵。巡洋舰开动后，年轻的军官在舰舷边凭栏远眺，与这个留下美好情感和印象的城市依依惜别。中国海军官兵赴英之前，赫德因担心他们的素质而反对直接派人接舰，为此与李鸿章多次争执。如今，赫德显然也动了感情，他说："如果船的质量是好的，中国水手们可以把船开得像英国水手们一样安全。"

"超勇""扬威"号于8月11日下午抵达英国重要军港朴次茅斯，进行礼节性拜会，并与之前赴伦敦作告别拜访的丁汝昌一行会合。12日早晨，中英两国军舰在朴茨茅斯港内互相鸣放礼炮，升旗致敬。林泰曾留学英国期间曾在铁甲舰实习过，他特地前往那里拜会提督、舰长等师友。纽卡斯尔市此时又发来电报，称"中国弁兵至为良善，在英计久与本地绅民极相得，此去各有恋恋之意"。

8月17日凌晨4时，完成补给的"超勇""扬威"号相继出港，奔向大海，踏上回国的路程。纽卡斯尔市议会还在中国舰艇离英归国之际给曾纪泽和丁汝昌发来贺词：

曾纪泽公使并大清海军丁汝昌提督：

值此贵国海军将士驾舰离港归国之际，请接受我们诚挚的祝贺。多年来，贵国资质聪明之海军军官多人在我皇家海军学院深造，成绩优异，此次又在阿姆斯特朗公司购置新型巡洋舰，冠名"扬威"与"超勇"，由我国教习与贵国将士协同驾

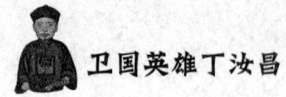

驶回国，此乃英中两国合作与亲善之体现，必将增进两国和两军之友谊。相信新舰到华之后，必将扬威慑敌于东亚，超勇驰骋于海战，为贵国海军倍添荣光。祝万里海程，一路顺风。

大英帝国纽卡斯尔市议会

公元 1881 年 8 月 17 日

丁汝昌率领高悬龙旗的"超勇""扬威"号，航行在大西洋—地中海—苏伊士运河—印度洋—太平洋航线上，所经之处，各国均鸣礼炮表示祝贺。这是中国海军第一次独立完成远洋航行，委实鼓舞士气、振奋人心。

但是，两艘军舰的回国之路远非想象那样一帆风顺。丁汝昌赴英接舰，不像今天的人们坐轮船旅游那么简单。乘坐客轮旅游，漂洋过海，充满闲情逸致。而在茫茫大洋上接舰回国则是一件耗费心神，须时时谨慎、处处小心的事情。此次赴英接舰是近代中国海军第一次海外远航，举世瞩目；其航程之远、影响之深、任务之重、困难之多，尤其是风险之大，都是局外人难以体会的。大海喜怒无常，瞬息万变；一时风平浪静，一时又激浪滔天。深谷暗礁、海流旋涡等无不威胁着人和船舰的安全。这对丁汝昌来说也是极好的锻炼。航行途中他们遇到了许多危险，都被丁汝昌率领的海军官兵一一战胜。

两舰起航没几天,"超勇"号在过西班牙界时,没有看到"扬威"号随行。"超勇"号上的官兵十分担忧,只要见到往来船只,便以旗语相问,却都没得到答复。丁汝昌深感忧虑,寝食难安。直到数天后,"扬威"号才缓缓开来,这算是虚惊一场。起航十多天,由于天气炎热,旅途劳顿,再加上水土不服,不少随行人员染病,洋炮手病故,丁汝昌心情十分沉重。后来经过调治,病员渐渐痊愈,丁汝昌这才松了一口气。

8月31日傍晚,"超勇"号到达波斯湾时,当地以"未领保安执照"为由而禁止通行,当地的一名引航者因已上船而被拘留在船上过夜。第二天,经过反复交涉,"超勇"号接受检查并按吨位交费后才被放行。

9月1日下午,"超勇"号收到"扬威"号发来的电报,原来"扬威"号因缺煤缺水已在海上漂流了两昼夜,正在距离亚历山大港八十海里的海面上等待救援。"超勇"号得到消息立刻前往寻找、接济,"扬威"号这才脱险。9月3日中午,两舰重新起航并行。然而,经过苏伊士运河时,"扬威"号的螺旋桨触礁损坏,被迫入坞修理。进印度洋后不久,"扬威"号又一次发生险情——机器出故障,不得不停船修理。10月2日,"扬威"号的锅炉舱又着了火,虽

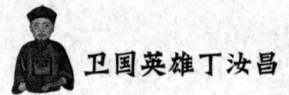

然火被扑灭，舰上的官兵还是受惊不小。

整个航程中，丁汝昌与林泰曾、邓世昌，以及包括外国顾问在内的全体接舰官兵尽职尽责，虽然屡次遭遇波折，但最终保证了两艘巡洋舰安全驶回中国。丁汝昌一路的辛苦可想而知，但他在航行中还总是亲自批阅地图，研究制定航线，可见其钻研海军专业知识用功之勤。

10月8日至15日的八天里，海洋气候恶劣，风狂雨骤，洋面掀起惊涛骇浪，"超勇""扬威"号航行艰难。在这种情况下，丁汝昌等还搭救了10名船民。10月15日下午2时，两舰迎着狂风暴雨驶向香港外海。就在此时，水兵发现海面上有民船遇险，船民在木筏上挣扎呼救，六个人在破旧的木排上漂流而来。当时海况恶劣，"超勇""扬威"号自身处境都很艰难，但丁汝昌还是毅然令"超勇"号停航援救船民。林泰曾亲自指挥收放舢板，历经艰险将六名船民救到舰上，给他们食物和衣服，还让医生为他们调治。经询问方知，13日海上暴风使得他们的船遇险，船上二十三人只存活六人。下午4时，二舰又发现有人在岛礁上呼救，"超勇""扬威"号从风浪中又救起四名同胞，这是14日时风浪袭击致使两船毁坏，一船死亡七人仅存活三人，另一船死亡二十四人仅存活一人。

10 月 16 日,李鸿章发来电报,要求"超勇""扬威"号编队绕行广州、福州北上,沿海宣示主权,展现中国海军的风采。途经广州时,李鸿章的老部下、时任两广总督的张树声还率领粤省文武官员上舰慰问犒劳海军将士。又经过近一个月的航行,11 月 18 日,丁汝昌率领"超勇""扬威"两舰到达海军大本营天津大沽,中外人士目睹中国海军风采,无不为之震惊。经过千难万险,历时一年,至此,丁汝昌圆满完成赴英接舰任务。

此次远航,丁汝昌率领的海军官兵历尽辛苦。官兵们不仅顺利完成了朝廷交给的接舰任务,而且大大开阔了眼界、增长了见识、得到了锻炼,从而为提高中国海军素质打下了良好基础。

在天津大沽,历经磨难顺利回国的"超勇""扬威"号威风不减。此前,山东从英国新购的两艘炮船"镇中""镇边"号已经驶回中国。李鸿章认为,山东所购的两艘炮船零星分布,不免势单力薄,难以发挥效用,便将"镇中""镇边""镇东"等六艘炮船及刚归国的两艘巡洋舰"超勇""扬威"号合归北洋一支海军,让它们随时会操,轮替出洋,防护北洋要隘以壮声势。至此,北洋已经拥有从国外购置的六艘炮船和两艘巡洋舰,再加上先后从上海、福州调进的"操江""镇海""湄云""泰安""威远"5 艘兵轮,共 13 艘舰船,北洋海军可以说已初具规模了。

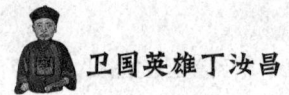

　　为了与国际习惯一致，李鸿章奏改三角形水师旗为长方形海军旗，以纵三尺、横四尺为定制，质地颜色则与以往相同，仍是黄地、蓝龙、红珠，这是中国近代最早的海军军旗。清政府对海军军旗十分满意，决定同时将其用为大清国的国旗。

　　"超勇""扬威"号驶抵大沽，李鸿章亲自到港检阅军舰、慰问将士。这两艘令他日夜牵挂的巡洋舰终于回国了。1881年11月2日，李鸿章奏请清廷为接舰有功的丁汝昌、葛雷森、林泰曾等人记功嘉奖，并奏请丁汝昌统领北洋水师，破格任用。李鸿章称赞丁汝昌"干局英伟，忠勇迈伦"，督操炮船时"与中西各员研究观摩，颇有心得"，经此出洋历练，"于西国船炮制造运用之妙，体会更深"，并说"目前水师人才尤为难得，该提督久经大敌，远涉重洋，谋略机宜均臻妥洽"。清政府对李鸿章奏请丁汝昌统领北洋水师，暂未复谕，但于11月4日以丁汝昌等此次航海出力，分别授赏。赏记名提督丁汝昌换"西林巴图鲁"名号，并正一品封典；赏林泰曾"果勇巴图鲁"勇号，免补游击，以参将补用，充"超勇"号管带；邓世昌任"扬威"号管带。

　　丁汝昌等人受到这样的嘉奖，当之无愧。当然，那时无论丁汝昌还是其他海军官兵都不会料到，这支英姿勃发的海军队伍在后来与日本的海战中，每一步竟然都走得那么艰难。

第五章

出兵平乱，扬威朝鲜

接舰回国后，丁汝昌率领舰队参加了一系列外事活动，也包括军事行动，对提振国威、遏制日本嚣张气焰起到了震慑作用。由于适时阻止朝鲜壬午兵变事态的进一步恶化，有力打击了日本对朝鲜事务的干涉，清廷将象征身份和荣誉的黄马褂赏赐给了丁汝昌。

日本明治维新后，国力渐盛。由入侵台湾一事，李鸿章已经预感到日本将来必定是朝鲜和中国的心腹之患。那时，日本已经对朝鲜有所行动，例如强迫朝鲜与之签订不平等的《江华条约》。由这一条约，日本取得了自由勘测朝鲜海口、领事裁判、自由贸易等权利。从此，外国商品以汹涌之势进入朝鲜，朝鲜开始沦为半殖民地。《江华条约》的一个明显特征是完全否定中朝已有的宗藩关系。

清朝封建统治者与朝鲜封建统治者之间存在着一种封建宗主与藩属的关系，这种关系已经延续二百多年。在这种关系中，朝

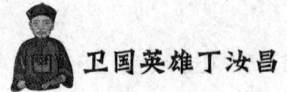

鲜国王要接受清朝皇帝的"册封",并定期到中国京城"朝贡",而中国对朝鲜则负有保护之责任。这种关系显然属于东方的"封贡体系",同西方的"殖民体系"有着本质上的不同。在这种关系中,双方既不谋求统治对方,也不谋求经济利益,更没有版图占有的打算,而是以地缘关系为基础,主要着眼于国防。朝鲜国土面积较小,但其战略地位却十分重要,时人曾发表这样一番颇有见解的评论:"各国之图中国者,无不图先占朝鲜。彼以为朝鲜得,而中国之左臂断,进可以治东三省而摇我根本,退可以屯兵积聚观时而动,而中国在其股掌之上。"所以,日本利用同朝鲜地理上的接近和其他列强鞭长莫及的独特条件,早就觊觎朝鲜,并暗暗积蓄力量,伺机吞并朝鲜,进而侵略中国。

李鸿章看出时势,为了牵制日本多方游说,动员朝鲜与其他列强签订条约,对外开放,以使列强之间互相制约,免得使朝鲜遭日本涂炭,从而达到保证朝鲜和中国安全的目的,李鸿章认为,朝鲜应该首先与美国签订条约。于是,光绪八年(1882)4月25日,李鸿章命丁汝昌和马建忠带兵船前往朝鲜,为朝鲜与美国互市监督盟约,襄助签订《朝美条约》。紧接着,5月至8月间,丁汝昌与马建忠奉李鸿章之命数次往返于中国、朝鲜之间,协助朝鲜与英国、德国等签订通商条约。

1882 年 7 月，朝鲜发生壬午兵变。壬午兵变又称壬午军乱、壬午事变，是 1882 年 7 月 23 日（农历壬午年六月初九）朝鲜发生的一次武装暴动。朝鲜王朝京军武卫营和壮御营的士兵因为一年多未领到军饷以及对由日本人训练的新式军队别技军的反感，而于当年 7 月聚众哗变。

壬午兵变是 19 世纪末（特别是 1876 年开港以后）朝鲜各种社会矛盾激化的必然结果。李熙是兴宣大院君李昰应之子，1864 年以王室旁支身份继位，成为新任朝鲜国王，大院君李昰应摄政。到李熙年长，与闵氏女结婚后，大院君李昰应归政于他。但李熙庸懦，大权落入闵妃手中，以骊兴闵氏为核心的闵妃集团开始统治朝鲜。闵氏与日本缔约，朝鲜社会的不满情绪日益滋长。李昰应因失去权力而心存嫉恨，他的党羽大多不在政府任职，于是他借清君侧之名，利用朝鲜人民蓄积已久的反日情绪发动了壬午兵变，想以此消灭闵妃集团。

大量市民也加入了兵变之中。朝鲜士兵和市民数千人走上街头，焚毁日本驻朝公使馆，杀了几个民愤极大的大臣和一些日本人，并且攻入王宫，推戴兴宣大院君李昰应上台执政。一片混乱中，日本驻朝公使花房义质冲出包围，乘坐英国测量船逃回长崎。日本舆论鼓噪开战。7 月 30 日，日本政府召开紧急内阁会议，商

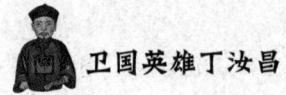

讨对策。有人力主立即派遣讨伐大军，趁机占领朝鲜，以挑起对中国的战争。经过商讨最后决议，日本派军舰作为交涉的后盾，如果谈判不达目的则大举出兵。朝鲜形势岌岌可危。

清政府了解到朝鲜局势后，枢臣担心日本借机介入，一面紧急召李鸿章回到天津，一面饬令张树声派水陆两军迅速前往朝鲜。此时李鸿章因母亲病故已经回到合肥奔丧，其间由淮军将领张树声代任总督。但张树声处理复杂国际事务的能力显然不如李鸿章，加之又是临时代理，不敢擅作决定，于是派出马建忠去合肥向李鸿章请示行止。马建忠刚到上海，张树声采纳了薛福成的建议——当机立断，不必特地到合肥请示李鸿章，立即出兵朝鲜，免得错过战机。张树声立刻电告马建忠返回，与丁汝昌东渡朝鲜平定祸乱。

丁汝昌、马建忠奉命率"威远""超勇""扬威"三舰于8月9日前往朝鲜。翌日辰刻抵达朝鲜仁川港，而日本海军少将仁礼景范乘铁甲舰"金刚"号于同日未刻到达。日本军官见到中国船舰赶在了前面，不敢轻举妄动，便与丁汝昌等以礼相见。丁汝昌深知来者不善，不为虚礼所蒙蔽，猜度日本方面一定会有大批军舰陆续赶来。如果中国方面仍无行动，待到日本舰艇增多，日方一定会以重兵先赶到汉城自行查办，那时朝鲜国内必将受其荼毒；随后日本以平乱有功为由头，定然会更加气焰嚣张，那时中国陷于被动，再援助朝鲜就来不及了。于是他与马建忠议定，解决这一叛乱必须先软禁祸端首脑李昰应。

商议已定，丁汝昌乘"威远"号回天津面陈机宜。果然不出所料，丁汝昌刚从仁川回国，花房义质就乘船返回仁川。短短几天，驻泊在仁川的日本军舰增加至七艘，日方声势大涨，船舰穿梭往来，港内喧哗不已。马建忠《东行三录》载，日本士兵一千五百多人陆续登岸，"四出执豕攘鸡，闾阎惊扰"。25日，丁汝昌又率领"威远""日新""泰安""镇东""拱北"五艘舰船，载吴长庆部二千余人前往朝鲜汉城。

丁汝昌与吴长庆到了朝鲜汉城后，当晚就秘密商定诱捕大院君李昰应的计划。第二天，他们拜访了李昰应。8月27日，丁汝昌、吴长庆摆好了"鸿门宴"等候李昰应回拜。李昰应带领着多人组成的卫队按时来到。中国预伏士兵迅速将李昰应的卫队拦在门外，只让李昰应一人入室密谈。李昰应预感到事情不妙时已经迟了。当即囚禁李昰应，擒拿乱党，援助朝鲜国王复位。丁汝昌亲率小队，以肩舆拥李昰应就道，冒雨连夜赶了一百二十里路，次日到达南阳海口，将李昰应送到"登瀛州"兵轮上，立刻解送天津，迅速将其幽禁在保定。就这样，丁汝昌等动作迅速，使日本的干涉阴谋未能得逞。内乱平定后，丁汝昌、吴长庆同去拜谒朝鲜国王，

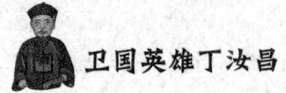

国王十分感谢，在殿上设宴款待二人。

李昰应在中国保定被软禁了三年左右。光绪十一年（1885）9月底，李昰应应朝鲜国王之请回到朝鲜。在由谁护送李昰应回国一事上，李鸿章颇费了一回思量，有人推荐丁汝昌完成这一任务，李鸿章认为由丁汝昌护送太显眼，恐怕日本误以为中国军队重返朝鲜，引起不必要的麻烦。想来想去，后来决定由当时还不显眼的袁世凯来护送。

平息壬午兵变是北洋创办新式海军以来的第一次对外军事行动。清廷在平定壬午兵变过程中体会到海军行动之迅速和震慑力之强，对北洋海军甚为满意，以李鸿章创办海军有功，交部从优议叙。9月14日，清廷应李鸿章的奏请，任命丁汝昌为直隶天津镇总兵，统领北洋水师。10月10日，李鸿章再以平定朝鲜之乱有功奏请加赏丁汝昌记名提督、穿黄马褂。黄马褂说到底不过是一种黄颜色的马甲，但是，在清代，获赏黄马褂是一种极高的政治荣誉。一个将领如果没有立过赫赫战功，是不可能穿上黄马褂的。

11月1日，李鸿章在签发聘用英国人琅威理的合同中写明丁汝昌为北洋海军提督，具有指挥北洋舰队任何舰船及中外军官的全权；琅威理为副提督衔北洋海军总查，负责舰队的组织、操演、教育及训练工作。

事实上，丁汝昌此时尚未被朝廷任命为海军提督，他只是统领北洋水师。但是，丁汝昌实际上已经履行提督的职权、承担提督的责任；由于外交上的需要，李鸿章就在签发聘用英国人琅威理的合同中将丁汝昌称为海军提督。至于北洋海军提督人选，李鸿章早已心中有数，非丁汝昌莫属。由他向清廷奏荐只是时间问题。

琅威理，是继葛雷森之后的第二任北洋海军总教习。琅威理1843年1月19日生于英国，十四岁入英国皇家海军学校，十六岁入英国海军实习，历任海军准尉、代海军少校、海军少校、中校副舰长、上校舰长等职，曾多次护送中国从英国订购的军舰来华。琅威理为人热情，责任心强，坚毅果敢，治军严格，是一位十分优秀的海军将领，在受聘供职于北洋海军期间，为中国海军建设做出了突出贡献。

琅威理在任期间，以对舰队管理、训练的负责和对海军业务的精通在官兵中受到一致好评。他工作十分勤奋，终日料理与舰船有关的事务，一刻也不休息，甚至在如厕时还命人打旗语传令。由于他要求十分严格，海军官兵们有"不怕丁军门，就怕琅副将"的说法，训练中没人敢出差错。这样一位教习对官兵的积极影响是可想而知的。但是，光绪十年（1884）中法战争爆发后英国政府宣布中立，琅威理为了回避而不得不返回英国，此时他受雇还

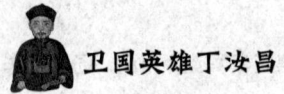

不到两年。丁汝昌为此颇感惋惜，称"洋员之在水师，最得实益者，琅总查为第一"，人品也以琅威理为最好，平时认真带兵训练，订立的相关章程与英国海军的章法是一致的。"即在吃饭之时，亦复心手互用，不肯稍懈。去秋退处烟台，已经禀辞薪水，尚手订舢板操章，阅两月成书寄旅。此等心肠，后来者玩不能逮。"还称"琅亦深得各管驾、弁兵之心，于今尚有去后之思，可验诸口碑"。也难怪丁汝昌如此称赞琅威理，琅威理临回国时还留书信提示丁汝昌："水师已有一半功夫……若从此守住，则后来或可一线到底；若见异思迁，则前功尽弃。"这样一位教习，怎么能不令人感念呢？

　　一个人有多高的职位，就肩负多么重的担子。重任在肩的丁汝昌已经意识到，新式军舰与湘军淮军的旧式枪炮是不同的，受过专门教育训练的海军官兵与目不识丁的淮勇是不同的，抵御近代化海军的侵袭与镇压农民起义更是不同的。丁汝昌英勇善战，复出谋职时因缘际会被李鸿章视为"横海楼台之选"，经过一番学习成了北洋海军统领，这一切似乎都顺理成章。但他心中清楚，自己并不懂海军，更谈不上懂得海战。陆上作战与海上作战毕竟是不同的。他曾经"隶长江水师"，但那毕竟是很短一段时间，而且接触的只是木船。丁汝昌日益感到肩上的担子很沉。他被任命统领海军后，在写给税务司德璀琳的信中称"惟仆驽下不材，谬率水军驻防口内……"在另一封信中说"弟质本无用，自知难胜重任"。这些虽是谦辞，却也反映出丁汝昌并未因担任了海军提督而得意忘形，恰恰相反，他深知责任之大和自己才学之欠缺。不管面临的是多大的困难，他决心驾驭好这支辛苦建立起来的海军，为国效力。他忠于职守，兢兢业业，认真学习，任劳任怨。虽然已经是年过半百的人了，但舰队出洋、操演、应战，他都身先士卒，亲自登舰督率，不敢有一丝一毫的懈怠。一个将领偶尔对官兵进行检阅，跟官兵一同演练，是容易做到的，但是像丁汝昌那样一以贯之、始终以身作则，是不容易做到的，也因此是值得钦佩的。

第六章

半岛，血和耻辱

　　统领水师的丁汝昌，决心将北洋海军训练成保卫祖国海疆的坚固长城。他励精图治，事必躬亲，对与舰队训练有关的一切事务都抓得很紧。他的电报和信函，谈的通常都是关于舰队训练、军火配备、舰船修理等问题的，甚至连船舰上的一颗螺丝钉他都亲自安排配置或领发。所有经手的事都要一一落实他才能放心。有一次，运到军中的煤炭短少了十吨，他硬是五次写信催促，到如数补齐为止。他对船炮配件的熟悉程度也堪称专家，有一次给旅顺船坞的信中说："前超、扬请制边炮铁螺丝桩共八个，曾经送样，蒙允照办。务祈饬匠从速造来，以便临时备用。至原桩旧有三洞，兹已询明该管带，请均无庸仿凿，俟领到时该船自行钻配，似亦妥便也。"连铁螺丝桩这点儿小事都念念不忘，弄得这么清楚，可见丁汝昌对海军建设是多么用心。投入如此多的精力在这一事业上，唯一的目的便是保卫国家主权。

　　光绪十二年（1886）7月18日，李鸿章命丁汝昌和水师

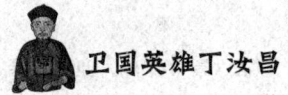

总查、英国人琅威理率"定远""镇远""济远""威远""超勇""扬威"六舰由威海赴朝鲜釜山、元山、永兴湾等处操练巡航，展示了中国海军的威严。由于国内没有巨舰船坞，同年 8 月 7 日，丁汝昌率"定远""镇远""济远""威远"四舰开往日本长崎游休，在日本引起巨大震动。日本军政要员纷纷前来参观，码头、海滩都站满了日本人，对进港的中国军舰指指点点，轻声议论。"定远""镇远"号如同两座巨大的城堡浮在水面，这种巨舰当时就连西洋都不多，在亚洲更是少见。日本的海军舰只，即使最大的也远逊于这两艘，在"定远""镇远"号面前显得寒酸、可怜极了。

中国巨舰的到来，既让日本人惊叹、羡慕，又让他们嫉妒甚至愤怒。本来日本得知中国购买巨舰后就常在海军训练时将其作为假想敌练习攻击战术，现在亲眼看到巨舰驶到自家门口，更觉咽不下这口气。没过几天，日本人就与中国水兵发生了冲突。

8 月 15 日，随舰而来的中国水兵趁放假上岸买东西，当他们走进长崎城时，大批日本警察竟挡住去路，不听任何解释，先是无故寻衅，继而大打出手。被激怒的中国水兵挥拳还击，双方在街上打成一团。一些旁观的日本男子还拿出菜刀和棍棒追杀中国水兵，有的女人从临街楼上的窗口向中国水兵泼洒滚烫的热水。冲突中，双方各有伤亡，中国水兵因徒手搏斗，损失比日本方面为重。当时北洋水师官兵义愤填膺，甚至请求开战。丁汝昌心中明白，战事的发生只是迟早的事，而日本官民既已公然地疯狂寻衅，距离开战大概不会太远了。

清政府也做了准备。光绪十一年（1885）夏，清廷在总结了中法战争中中国海军失败的教训之后，觉得中国海军还不够强大，几支海军缺乏有效调度，认为全国海军应该有一个统一指挥机构，于是在中央设立了总理海军衙门，并决定集中力量首先发展北洋海军。北洋海军的实权由李鸿章掌握。李鸿章大力购置外国船舰，并将南洋及福建水师较好的船只拨到北洋，以此壮大北洋水师。几个月后，从德国订购的铁甲舰"定远""镇远"号和巡洋舰"济远"号驶抵中国，丁汝昌陪同海军大臣、醇亲王奕譞和李鸿章出海检阅了海军。光绪十三年（1887）年底至次年年初，清政府向英德两国订购的四艘巡洋舰"致远""靖远""经远""来远"号也先后归国。此时北洋海军主力舰只齐备，具备了成军的条件。光绪十四年（1888）5月5日至16日，李鸿章出海巡视舰队。李鸿章巡视结束，丁汝昌根据其命令立刻着手起草《北洋海军章程》。10月，章程颁行，北洋海军正式成军。12月17日，海军衙门根据李鸿章提名，奏请以丁汝昌补授北洋海军提督。五十二岁的丁汝昌步入了他军旅生涯最辉煌的时期。

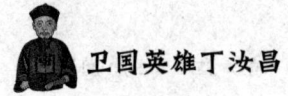

　　这时的北洋海军，有威武的铁甲舰和新式巡洋舰，有一批训练有素的海军军官，实力堪称亚洲第一，让全世界瞩目。丁汝昌担任北洋海军提督后，清廷根据他的提议在威海刘公岛筹建了北洋海军学堂，在旅顺口和威海设立了水雷学堂，在威海还设立枪炮学堂。丁汝昌极其重视海军专门人才培养，他受命于国家危急之时，想把北洋海军建成一支无敌之师。他对刘公岛的军事设施作了总体规划，修建了炮台、子弹库、信号台、船坞、电灯厂、靶场、旱井等军事设施。办学校培养人才的同时，丁汝昌加强了对军队的海上训练。演习中他常常一天几次改变阵形，有时练习在火海中作战，有时练习在巨浪中拼搏，有时模拟进攻，有时专练防守。可以毫不夸张地说，丁汝昌把全部心血都倾注在北洋海军建设上了。

　　但是，事情的进展远不是他想象那么顺利。清政府对海军的投入渐渐减少，以致许多当做的事都难以及时做成。种种弊端渐渐在这支海军中显露，让丁汝昌忧心如焚。

　　光绪十七年（1891）五六月间，丁汝昌陪同李鸿章及海军衙门大臣对北洋海军进行了一次校阅。巨大的船舰在海面上蔚为壮观，轰鸣的雷炮震人心魄，此情此景让夜郎自大的清廷洋洋得意起来。这次校阅后不久，日本为了摸清北洋海军底细，假惺惺邀请北洋海军访日。在日期间，精明的日本海军军官发现北洋海军的大炮巨舰固然雄伟壮观，但战斗力却未必很强。有的军官发现北洋军舰的大炮没有擦干净，炮管上甚至拴着绳子，挂满了水兵晾晒的衣服，给人以军纪废弛之感。

事实上，北洋海军的缺陷远不止如此。洋务运动时代艰难缔造的北洋海军，是当时清政府唯一一支用国家财政维持的海上力量。李鸿章、丁汝昌等人都为筹建和训练海军花费了大量心血。但是，个人的力量在时代的力量面前总是显得小了些。封建专制制度从根本上束缚、制约着北洋海军的发展。腐败的大清帝国，处处都是弊端，北洋海军也并非世外桃源。拉帮结派、任人唯亲的习气渐渐在军中扩散开来，军纪逐渐由严明走向松弛。同时，北洋海军聘用的洋人中固然有琅威理这样的优秀人才，但也不乏骗子和冒险家，他们与清将中的败类沆瀣一气，狼狈为奸。如担任副统带的英国人马格禄只不过在英国拖船上当过船长，实为一个酗酒之徒，对军事一无所知。美国来的顾问浩威夸海口说在洋面上能轰击敌船二三只，实则根本没有这个能力。另外，清政府实际上的最高统治者慈禧太后更是北洋海军发展的最大障碍。

本来，从筹建海军开始，清政府每年都要拨一部分钱作为海军经费。但掌握实权的慈禧太后不关心海军的事。为了隆重庆祝

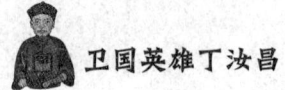

光绪二十年（1894）她的六十大寿，她下令修建颐和园。颐和园是清漪园旧址，与圆明园相连，修建颐和园是一项耗资巨大的工程。太监总管李莲英献计移用海军军费，深得慈禧太后赞许。李鸿章一来不敢反对，二来希望与慈禧用款绑在一起，自己发展海军也能得些款项。谁料事与愿违，李鸿章的初衷不但没能实现，北洋海军的军费还被白白"绑"走了许多。直到甲午战争爆发后，慈禧太后为"万寿庆典"修筑颐和园的工程仍在进行。户部见战争需要大量金钱，奏请暂停工程，慈禧坚决不允许。一些官员请求停办"点景"——在从紫禁城到颐和园的道路两旁扎彩棚、奏乐演戏庆祝生日——以节省开支，慈禧大怒，说今天让她不高兴的人，她要让他一辈子不高兴；还说"民间的老头子老妈子做寿还要办得热热闹闹，如果我的寿辰办得寒酸，会让洋人看不起，欺负中国"。到甲午战争期间，颐和园工程共用银二千多万两，其中挪用海军军费竟达一千三百万两左右。这些钱如用来装备海军，几乎可以增加两支同样规模的北洋海军舰队。因军费被大量挪用，北洋海军从成军之日起，就开始处于倒退状态。

成军后，丁汝昌不止一次上奏请求增添新舰，但都如石沉大海，杳无回音。1892 年，清廷户部以财政拮据为由，下令停止一切从海外采购军械的活动。而这时，恰好是世界舰船、兵器技术发展日新月异的时代。北洋海军如同被缚住手脚的猛狮一样停滞不前时，日本海军却开始奋起直追。从19世纪90年代起，日本海军大力购买新舰，新舰的技术、性能都远远超过北洋海军19世纪80年代初的那些军舰。

装备的陈旧落后让丁汝昌陷入深深的忧虑。清廷原先购置的船舰大都质量低劣，无法在实战中发挥作用。"飞龙"号在海上竟然被风浪击沉，"镇海"号使用没几年就无法驾驶，"镇东"等六艘炮船在设计上也存在严重问题——炮口向前，不能环顾，这样的舰船很难出洋对敌。"超勇""扬威"号虽然强于其他船，却也有一个巨大的弱点——船身是铁皮包着木头，遇火极易烧毁。"超勇""扬威""镇北"号的船里帮，已经生了锈，一放炮铁锈就被震得刷刷脱落。

访日期间，丁汝昌发现日本海军的实力正在赶上并超过中国，认为北洋海军添船换炮刻不容缓，回国立即上奏，要更换陈旧的装备。但清廷却在此时决定停购外洋船只和枪炮。丁汝昌等将领都认为此举不可行，奈何胳膊拗不过大腿。既然不准购买新船炮，对旧设备进行修理总是必不可少的。1894年初，丁汝昌提出二十五艘舰船应该大修，约需银一百五十万两。但是这一年适逢慈禧太后六十大寿，举办庆典也需要银子，大修的事只好拖一拖。

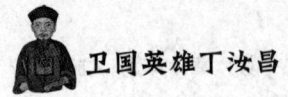

三月间，丁汝昌眼看着大修已不可能，又提出一个更少花钱且有实效的方案，就是在主要战舰上配备速射炮和新式后膛炮，只需银六十一万两，但这个要求也因"筹拨为难"未能满足。五六月间，李鸿章校阅海军时，已经看出北洋海军与日本海军的差距，不禁发出慨叹："中国自从开办北洋海军以来，这些年没再添一艘船，只能就现有的二十多艘勤加训练，恐怕以后难以为继。"

通信、后勤保障也不适应战争需要。政府工作人员的失职行为随处可见。就在甲午战争前，烟台电信局工作人员还因玩忽职守造成了通信延误，平时的电报也常常有错讹之处，如果加以询问往往敷衍了事甚至干脆不予回答。煤炭供应也存在严重问题，不是质量低劣、短斤少两致使行船火力不足，就是运输跟不上。丰岛海战的前三天，丁汝昌还在为缺少煤炭而不断催促。军火供应也严重不足，弹药奇缺且质量差。因经费有限，北洋海军在停购船舰的情况下又停购军火，现存的数量有限的炮弹多是奸商所提供，不是弹壳内没有火药就是药量不足，甚至以沙充药。

与此同时，琅威理的辞职使海军训练的力量被削弱。丁汝昌虽然刻苦学习，对海军业务的了解程度毕竟远逊于科班出身、训练有素的琅威理，所以平时舰队训练倚仗琅威理颇多。中法战争爆发后，琅威理一度辞职回国，光绪十二年（1886）1月应邀重返中国。在服务合同中，清政府要求琅威理承诺在五年内将中国海军的训练提升到国际水平，并要求他在战时帮助中国作战，除非作战对象是英国。对这一条件，英国外交部和海军部有不同意见，琅威理与中方的关系也似乎不如以往融洽，认为自己在中国没得到足够的信任和授权。清廷赏赐琅威理副提督衔，琅威理一向以北洋海军副提督自居。他的业务水平和管理方法一定程度上弥补了丁汝昌的不足，但他以严格闻名的管理和训练也逐步引起了舰队官兵的反感，官兵以前对他的尊重、热情和谦虚随着时间的推移渐渐淡化，有些官兵认为学有所成已经不需要一个外国人来指手画脚，甚至想把琅威理排挤出去。

终于，光绪十六年（1890）初春发生了"撤旗事件"。1890年2月，北方天气寒冷，北洋舰队南下避冻，船舰停泊在香港，丁汝昌率"致远"等四舰去南海一带操巡，琅威理、林泰曾、刘步蟾留在香港维修"定远""镇远"等舰。3月6日，"定远"管带刘步蟾降下提督旗换升总兵旗，表明自己是舰上的最高长官。琅威理认为丁汝昌虽然离开，但有他副提督在，不应易旗，刘步蟾不依。琅威理立即致电李鸿章，对自己的地位提出质问。李鸿章以刘步蟾为是。6月25日，北洋海军返回威海，琅威理到天津面谒李鸿章，称不给实权工作无法继续，李鸿章仍坚持此前的说法，

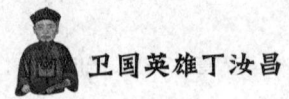

琅威理当场提出辞职，李鸿章认为这是要挟，于是不加劝慰就接受了他的请求。琅威理回国后，逢人就说他在华受辱，不久，其他洋员也纷纷辞职。此后舰队纪律明显松弛，尽管丁汝昌严格要求，但军中消极训练、弄虚作假现象依然时有发生。

就在北洋海军走下坡路的时候，日本海军经历了由弱到强的转变，到甲午战争前实力已经远远超过北洋海军。日本官方将他们邀请北洋海军访日说成中国军舰前来示威，以此赢得国民支持他们购舰添炮。长崎事件后，日本发展海军几近疯狂，政府财政给海军的拨款逐年增加，军费由原来占国家财政的百分之十猛增到百分之三十，甲午战争前夕更是高达百分之四十。天皇每年从内库拨款三十万元做海军补助费。全国大量发行海军公债，政府还动员贵族和平民向海军捐款。1891 年 3 月，日本购买的"严岛""松岛""桥立"三舰均已下水，三艘军舰上都配有大口径巨炮，专门对付中国的"定远""镇远"号上的主炮，航速也超过"定远""镇远"号。据说这三艘军舰原是中国订购的，由于海军军费被挪用，最后被日本购得。甲午战争爆发前，日本海军已拥有大小军舰三十三艘，鱼雷艇三十七艘，总吨位已达六万多吨，加上日本船舰的舰龄较短，设计时采用的是当时世界军事科技最新成果，性能上大大胜过中国军舰，实际战斗力显然已超过中国海军。难怪提及北洋海军时李鸿章坦白地说"亦不过聊壮声威，未敢遽云御敌"。

苦心孤诣经营北洋海军的丁汝昌，就是在这种情况下迎来了甲午中日战争。

光绪二十年（1894）春，朝鲜爆发了东学党起义。东学党主张排斥西学、诛杀赃官、革除弊政。当时不堪苛捐重税的农民纷纷加入这一组织，东学党声势日益浩大，最终发动起义。朝鲜政治腐败，财政困难，军队粮饷不继，没人愿意替王室作战。朝鲜政府一方面与起义军议和，一方面向清政府求援。

日本也希望清政府能出兵朝鲜，这样日方就有了出兵朝鲜的口实。尤其现在清王朝正在为举办慈禧的寿宴忙碌，没有多少精力和财力备战，正是日本出兵的大好时机。日本明治维新后，发展迅速，明治政府刚一成立就把"武国""扩张"作为最高国策，逐渐走上军国主义道路，提出"南进"和"北进"的侵略政策。"南进"就是占领中国东南沿海和台湾，以此为基地向东南亚一带扩张，也就是所谓的"海洋政策"；"北进"就是吞并朝鲜，并以朝鲜为跳板侵略中国以至称霸亚洲，也就是所谓的"大陆政策"。日本为了实现侵略野心，积极制定和实施以发展海军为中心的扩军备战计划。明治政府建立后，提出了用二十年时间建立一支强大

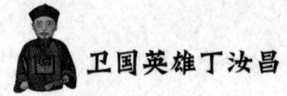

的海军的目标。朝鲜壬午兵变的平息，没让日本占到便宜，日本从此对北洋水师心存疑惧，大力发展海军。他们一直期待着与中国海军决一胜负。朝鲜东学党起义让日本看到了挑起战争的时机。虽然胜负尚且难料，但日本对战争结局的各种可能性都作了预料和打算：如果海军获胜，就派陆军在渤海湾登陆，直指北京；如果不分胜负，就集中陆军主力占领朝鲜，扶植朝鲜脱离中国而独立；如果战败，则陆军主力留在日本国内以防中国来袭。

筹划已毕，日本就开始诱使清政府出兵朝鲜。早在十年前李鸿章与伊藤博文签订的《天津条约》中就有"朝鲜本国如有乱党滋事，该国王若请中国派兵弹压……必须预先通知日本"，而日本亦将出兵"保护使署、领事及商民"的条文。日本知道清政府不愿轻易撕破脸开战，就努力打消其疑虑，通过日本译员郑永邦、代理公使杉村多次向中国声明：朝鲜乱党，大损商务，"韩人必不能了，愈久愈难办，贵政府何不速代韩戡乱。我政府必无他意。"使清政府相信和局可保。驻日公使汪凤藻也被日本人欺骗，给李鸿章发电报说："日本国内官民争执日益加剧，决没有再生外事之余力。"

李鸿章在日本的诱骗下，决定出兵朝鲜。中国驻日公使汪凤藻根据李鸿章和总署的决定，照会日本。1894年6月6日，清廷派兵赴朝。第二天，日本外务省就照会汪凤藻，宣称日本根据《天津条约》也已派兵赴朝。日本驻华公使、驻天津领事也照会李鸿章，宣布派兵赴朝"保护使署、领事及商民"。日本人实际上在向汪凤藻、李鸿章发照会的前一天，就以护送日本驻朝公使大鸟圭介返任为名，派海军陆战队四百名士兵赶赴朝鲜了。

直隶提督叶志超、太原镇总兵聂士成率军一千五百人进驻朝鲜的牙山。丁汝昌已经先期派遣"济远""扬威"等舰驶到仁川口观察形势，等到叶志超、聂士成赴朝时，又派"超勇"号护航。就在中国官兵开赴朝鲜时，日本突然以保护使馆和侨民为由，向中方提出要求：中日共同平定朝鲜内乱，平定后两国各在京城设委员监督朝鲜。

中国军队到达朝鲜后发布文告，解散乱党。朝乱虽平，中日关系却明显紧张。日本不肯退兵，不断制造事端，想要激怒清廷以制造决裂。"超勇"号立即返回威海卫向丁汝昌报告相关情形。丁汝昌电请李鸿章，李鸿章却不相信日本会发动战争，不但没有采取防范措施，反而命令丁汝昌从严管理赴朝军舰，绝不许官兵登岸，以免引起摩擦。李鸿章的做法非但没有维护和平，反而助长了日军的气焰。

日本继续暗中增兵，到6月底，日军已有一个混成旅进入朝鲜，

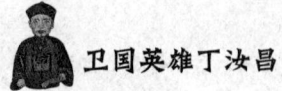

驻泊军舰达八艘之多。日军进入王宫，强迫朝鲜政府断绝与中国的关系、将中国军队赶出朝鲜，粗暴地干涉朝鲜内政。朝鲜不同意，日军又劫持朝鲜国王李熙，组成亲日傀儡政权。中方对日本提出的要求也断然回绝，并认为朝鲜内政应由朝鲜自主，不得干预。日本政府则说朝鲜缺少独立资格，日本作为其邻邦必须代为谋划。中国主张撤兵再议，日本主张议后撤兵，双方僵持不下，战争迫在眉睫。而就在这种危急关头，清政府仍未筹划战备，而是把精力用在央求俄、英等国居间"调停"上。李鸿章极力主和，训令叶志超不要轻举妄动。丁汝昌见日本不断向朝鲜增兵派舰，险恶用心昭然若揭，深知中日之间的大战此刻已无法拖延。尽管李鸿章不许开战，他还是对舰队赴朝路线、后路保障等事宜作出了初步打算。随后，丁汝昌请求主动出击，先发制敌，以免日后陷于被动。林泰曾早已在电告丁汝昌时说过"事至今日，已无可闪避，不如制敌机先，予敌人以迎头一击，挫其锋锐"。李鸿章却对丁汝昌生气地说："现在谣言多得很。日本虽然增添了军队，却并没有宣布与我们开战，你又何必请战呢！"

6月30日，丁汝昌再次致电李鸿章，主张采取攻势并陈述了作战方案，李鸿章却让丁汝昌"前后兼顾"，否定了他的出击请求。

7月4日，丁汝昌经过整备，打算派舰巡航，李鸿章斥责说：

"人们都说北洋海军弱，你自问弱不弱？"极力淡化丁汝昌请战的决心。

7月22日，"济远""广乙"两舰往牙山护送陆军登陆，丁汝昌再次请战，李鸿章仍不许可。

李鸿章自然也有他的考虑。首先，北洋军舰趋于老化，有的从"北洋水师"时代起就承担繁重的巡洋任务，每年至少从海参崴到新加坡走一个来回，平常还有海上演习等，经年累月的奔波让战舰严重老化，有的战舰锅炉已经到了即将报废的境地。其次是火炮数量和发射速度不如日本，炮弹也有差距。不许海外采购军械后，制造炮弹的主要是天津机器局。天津机器局缺乏大口径舰炮炮弹的制造技术，只能生产实心弹。后来又生产爆破弹，不仅产量小而且质量问题严重，甚至由于炮弹直径不规范无法装入炮膛，而日本已经研制出威力巨大的黄色烈性炸药。

可是，日本咄咄逼人，其与中国开战的决心已经写在脸上，难道就这样把希望都寄托在"调停"上吗？"调停"迟迟没有动静，面对威逼而来的日军就这么束手就擒吗？面对日本人的不断挑衅，年轻的光绪皇帝气恼不已，多次谕令李鸿章备战。眼见着朝鲜局势一天比一天紧张，在光绪帝的严责下，李鸿章这才下令派兵增援朝鲜。

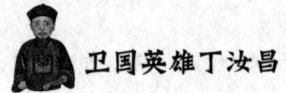

　　李鸿章原计划由陆路分批从辽东开进，渡过鸭绿江到达朝鲜。但由于形势万分危急，陆路行程太远，不解朝鲜燃眉之急，就决定由海军护航从水路运兵到朝鲜。增兵分两个方向，首先是北路，记名提督卫汝贵率领盛军六千人由天津大沽口登船、提督宋庆和总兵马玉坤率领毅军二千名由旅顺登船，分别到鸭绿江口的大东沟登陆后直奔平壤。另外，总兵左宝贵率领奉军三千五百人、副都统丰升阿率领练军一千五百人也渡过鸭绿江进入朝鲜。四路大军于8月上旬分别进驻平壤。至于南路，李鸿章想将深陷日军势力后方的牙山驻军海运北上，从大东沟登陆后会同北路各军一起进驻平壤；为了增加安全性，避免日本海军中途截击中国运兵船，李鸿章没有完全使用招商局的商船运输，而是通过津海关道、总理后路转运事宜盛宣怀，重金租赁了三艘英国印度支那汽船公司的商船"高升""爱仁""飞鲸"号，期望高悬的英国国旗能让日军有所顾忌、不敢轻易开炮。同时将租用英国商船、调派招商局"镇东"商船每日开航一艘运兵到牙山的计划电告丁汝昌，要他届时在通往牙山的海口外围游巡，并特别强调待四艘船上的人员都下船后再一起巡洋而归。

　　7月20日，主持船只调派具体事务的盛宣怀致电丁汝昌，对运兵方案进行修正。由于水深，运兵船不能直接靠岸，只能先停泊在深水锚地，再将人员、物资转运到小驳船里，驶入浅水驳运上岸。而牙山湾内驳船只有三十艘，一天时间内很难卸完一艘运兵船。经协商，"高升""爱仁""飞鲸"三艘船隔一天开出一艘。

7月22日，丁汝昌派"济远""广乙""威远"三舰从威海起锚出发，方伯谦执行这次护航任务。临行时，"广乙"管带林国祥问丁汝昌："若遇倭船首先开炮，我等如何应敌？"丁汝昌略一思忖，道："两国既未明言开战，岂有冒昧从事之理！"——这时他想到的是李鸿章的一次次叮嘱。随即又说："如果日本船首先开炮，我们又岂能坐以待毙，必须坚决予以还击！"丁汝昌神情庄重地凝视着缓缓离港的船舰，内心百感交集。

殊不知，运兵消息和船舰出发信息早已被日本间谍石川伍一知悉。石川伍一潜藏在天津军械局书办刘树芬家中获取了大量情报，日军知情后立即派出联合舰队，寻找清军运兵船的踪迹。

1894年7月25日，碧空如洗，空气清新的海面一望无际。上午7时许，"济远""广乙"两艘舰艇在已经护送前船到达朝鲜后返航回国。二舰一前一后成纵队到达牙山口外的丰岛附近，即将驶出南阳湾，忽然发现西南方飞速驶来三艘日本军舰。这正是日本派来拦截中国军舰的"吉野""秋津洲""浪速"号。北洋海军官兵虽然知道日舰心怀叵测，但两国尚未正式决裂，本着

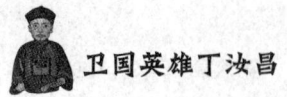

卫国英雄丁汝昌

李鸿章"不可衅自我开"、人不犯我我不犯人的指示，没有率先行动。二舰一边立即向丁汝昌发出情报，一边做好应战准备，静观日本三舰的动向。

日本第一游击队三艘军舰劈波斩浪，飞速驶来。这三艘军舰上的气氛也十分凝重，甚至让人压抑得透不过气来。肩负着"挑起战火"任务的司令长官坪井航三站在"吉野"号甲板上，手握望远镜注视着前方渐渐驶来的两艘维多利亚涂装的军舰，异常严肃的神情中又隐隐带着几分紧张。他已经能够隐约看到"济远"号甲板上的中国海军官兵。虽然日方此时有三艘世界一流的巡洋舰，战机的选择也完全由自己操控，但坪井航三无法确定的是，在日舰取得优势阵位之前中国军舰会不会先发制人。毕竟在远距离情况下中国军舰的大口径火炮有着射程上的优势，而日舰当下的阵位不利于发挥侧舷火力的优势。

另外，坪井航三也无法预测中国海军的实际战斗能力。虽然北洋海军近年逐渐衰败，但他也听说提督丁汝昌要求严格，海军训练有素。在从未真正交手的情况下，中国海军的战斗素质究竟如何还是一个待解的谜。他必须反复考虑才能拿出一个合适的决策。

就在海面上中日军舰对峙之时，接到情报的丁汝昌立即下令

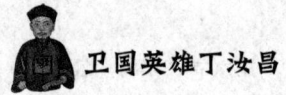

各舰升火起锚、严阵以待，同时向李鸿章请示率海军随后接应，以防日舰偷袭。但李鸿章坚信"万国公例"，认为尽管日本竭力备战，但只要我方不先开仗，日本一定不会擅自动手，谁先动手谁就理亏。因此依然阻止丁汝昌。

海面上，中日双方军舰初遇时的阵势是迎面而行，并不利于日舰发挥侧舷火力凶猛的优势。此时日舰正处于丰岛外侧的开阔海域，中国军舰则处于丰岛与公景岛之间的狭窄航道，如果进入狭窄航道攻击中国军舰，对日舰的灵活调动十分不利。坪井航三和"吉野"号舰长河源要一商定，称中国军舰距离尚远，先向右后方外侧机动，等中国军舰驶出狭窄处进入开阔海域后，再利用日舰航速快的优势转向返回，快速占领中国军舰侧面的有利攻击阵位，以充分发挥侧舷火力的优势，紧紧扼住中国军舰的咽喉。日舰迅速行动。紧张地观察着对方动向的方伯谦，看到日舰这一令人惊讶的举动后，判断日本并无作战之意，这三艘日舰很可能不过是探头探脑侦察情报的。看到日舰掉头离去，"济远""广乙"号上的海军官兵全都舒了一口气。

但这份轻松却很快就结束了。不一会儿，日舰又换了个角度驶来。几乎就在"济远""广乙"号驶出狭窄航道的一瞬间，日舰向右进行了二百度大回转，和中国军舰拉开距离后，重新冲过来，直插中国军舰编队的侧翼，呈与中国军舰略微平行之势。坪井航三计划的有利阵位已经形成。

日军不宣而战，首先向"济远"号开炮。根据出发前丁汝昌的指示，中国爱国官兵不甘示弱，向"吉野"号发炮还击。日舰"秋津洲"立刻赶来参战。顿时，丰岛海面大炮轰鸣，硝烟弥漫。"秋津洲"7时55分向"济远"开炮，"浪速"也快速跟进，三舰齐击"济远"。

战争就这样打响。双方实力悬殊，日本三舰共有三十门炮，其中速射炮多达二十二门；"济远"和"广乙"却只有五门旧的后膛炮，一门速射炮也没有。北洋军舰的速度、吨位也赶不上日舰。三艘日舰的炮弹如密雨一般浇向"济远"，"济远"将士沉着应战，不屈不挠。"济远"帮带大副都司沈寿昌一直站在舰首司航，指挥还击。"济远"一炮击中"吉野"舰首，跳弹击断前樯桁索，接着又击中"吉野"右舷侧，"吉野"的舢板被击毁，钢甲被贯穿，发电机被打入机器间。但因炮弹没爆炸，"吉野"逃过一劫。日舰的炮火异常猛烈，"济远"毫不畏惧，又击中"浪速"左舷舰尾，炸坏其海图室。正在激战，日舰一颗炮弹飞来，击中"济远"瞭望台，爆炸后一块弹片击中沈寿昌头部，沈寿昌当场仆地。二副柯建章见此情景，强忍悲愤继续督战。但日舰的炮弹喷涌而至，

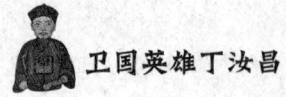

柯建章阵亡。舰上的见习生继续指挥，召集炮手还击。"广乙"见"济远"形势危急，连忙赶来助战，一边还击敌舰，一边全速前冲，想等靠近日舰时放出鱼雷，遗憾的是"广乙"又旧又小，火力不强，在日舰"浪速""秋津洲"的围攻下中了两弹，船身立刻歪斜。幸好当时海上硝烟弥漫，"广乙"借机转舵躲避，回击了追赶它的"浪速"一炮，击穿"浪速"左舷钢甲并击坏了锚机。日舰眼看"广乙"丧失了战斗力，再度围攻"济远"。

"广乙"勉强驶到朝鲜西海岸十八家岛抢滩搁浅。管带林国祥令放火烧船，率残部登陆牙山，到牙山后却发现叶志超部已经撤往平壤。"广乙"撤出后，"济远"在海面更加势单力薄，伤亡严重。无奈之下，方伯谦指挥"济远"全速撤退，日本三舰则穷追不舍，力图击沉"济远"。方伯谦惊恐万状，一边挂出白旗，一边继续疾驶，"浪速"用舰首炮攻击，方伯谦竟又加挂日本海军旗。"浪速"见状发出信号，命"济远"立即停下，"济远"仍旧撤退，"吉野"见状又追了过来。两舰相距二千米时，"吉野"发炮猛击"济远"，"济远"已有被击沉的危险。

就在这生死存亡的紧要关头，"济远"上的普通水手王国成不顾个人安危，挺身而出，不管发炮是不是自己的职责，立即奔向舰尾炮位，高喊"谁给我送炮弹"，水手李仕茂迅速送上炮弹，只见"济远"突然用尾炮对准"吉野"连发四炮，击中"吉野"要害，使其舰首下沉。"吉野"不敢再追，掉头回航，"济远"这才甩掉敌舰回到威海卫。

在日军三舰追击中国军舰时，西边海面又出现了两艘船。这就是"高升""操江"号。

丰岛海战开战四十多分钟后，从中国出发的"高升""操江"号先后驶近。"高升"是运兵船，"操江"本来没有与它同行。"操江"是北洋海军的运输舰，装载武器饷银由塘沽出发，经烟台、威海前往牙山。24日晨3时，"操江"由烟台驶往威海，当天下午2时离开威海港。起航前，丁汝昌将文书等交给管带参将王永发带往牙山。驶近丰岛时正好与由塘沽起航的"高升"号不期而遇，于是二舰结伴同行。

刚到丰岛一带，二舰忽然发现一艘军舰全速向西行驶，这就是"济远"号。但二舰一开始误以为这是日本军舰，因为它挂着日本旗。它经过"高升"号时把旗降落一次又升上去以示敬意。坐在"高升"号上的退役德国军官汉纳根见此情景，既有些意外，又为日本并无开战之意感到些许安慰；担任船长的英国人高惠悌也把"济远"当成了日本军舰。尽管真相很快就弄清楚了，但他们认为"高升"是英国船，挂着英国旗，日本应该不会对其采取

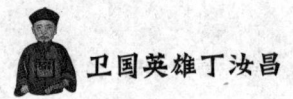

敌对行动，因此决定仍按照原来的航线前进。

日舰发现了驶近丰岛的两艘船。"浪速"舰长东乡平八郎见"高升"虽然挂着英国旗，但看样子有些蹊跷，揣测该船运送的是中国军队，就发信号命令"高升"抛锚。船长高惠悌见对方来势汹汹，急忙停船；"浪速"又发出"不许乱动"的命令。

开近"高升"后，"浪速"将舰上的二十一门大炮全部露出来，用右舷炮对准"高升"；"高升"本来就不是战舰，一下子完全被"浪速"控制。"浪速"放下一只小艇，几个荷枪实弹的日本海军军官登上"高升"检查执照。高惠悌急忙出示执照并提醒对方这是英国商船。日本兵不予理睬，要俘虏"高升"号。无可奈何的高惠悌想要服从。日本兵返回"浪速"让"高升"起锚随其前行。船上官兵虽然听不懂他们说什么，但已有不祥之感。随后，清军士兵发现"高升"欲随"浪速"而去，船上立刻掀起一阵骚动。将士们冲进船长室，坚决不允许，有人拔刀怒喝："我辈自请杀敌而来，岂能贪生怕死。今日之事，不过一死而已。谁敢向日本投降，当污我刀！"高惠悌见形势紧迫，不停地作着解释；清兵不从，找来汉纳根告诉高惠悌："中国士兵宁可死，也不服从日本人的命令！"

日舰见"高升"号迟迟不从，又派小艇过来。汉纳根说："大清的士兵不许船长服从你们的命令，他们要回到始发地。"高惠悌也说："请告诉你们的舰长，中国人拒绝当俘虏，要求退回大沽口。我们这是一艘英国商船，离开中国海港时你们双方并未宣战，我们出发时还是和平时期；就算已经宣战，让这些中国人返回也是个合理要求。"日本兵不言语，回到舰上。双方交涉多时，到了中午，"浪速"舰长东乡平八郎发信号让"欧洲人立刻离船"，但清军已经看管了所有小艇，洋人也走不开。"浪速"逼近"高升"绕巡一周，下午1时左右用六门右舷炮瞄准"高升"，猛发排炮。商船上没有大炮，清军将士只能用小炮和步枪还击。"高升"被鱼雷击中沉没之际，"浪速"仍不停地向船上开炮。清军官兵英勇斗争直到船沉，一千多人大部分壮烈牺牲。为了报复，日舰对落水的中国官兵进行了野蛮屠杀，用快炮向水里游的人不停射击。当日舰拦截"高升"时，"操江"见状知道情况不妙，立即转舵西行。"操江"是一艘木制旧式炮船，已经有二十多年舰龄，航速非常慢，火力也小，难以作战。日舰没有放过"操江"，极力追赶。王永发见情况紧急，慌乱间准备自尽，被人拦住。王永发便在樯头悬挂白旗，又加挂日本国旗表示投降。接着，他把丁汝昌交给他的重要文书和密电迅速投入火炉烧毁，以免泄露军情。正要将船上的二十万两饷银投入海中以免被日军得到，日舰已然

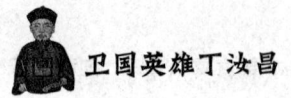

追上，未能施行。"操江"被日舰挟持到日本。

丰岛海战，日本不宣而战，偷袭北洋海军护航舰只，北洋海军仓促应战，损失惨重。"广乙"沉没，"操江"被俘，"济远"受到重创，所雇"高升"也被击沉，北洋海军将士牺牲千余人。如果丁汝昌率大队护航或接应的请求能被采纳，即便不能完全扭转战局，至少北洋海军的损失也不会如此重大。

丰岛海战直接影响了朝鲜战局。由于海战失利，赴朝清军得不到及时援助，导致败绩。就在丰岛海战当天，日本陆军趁清军尚未大量集结，派四千多人进攻驻守牙山的清军。叶志超畏缩退避，聂士成誓死拼杀打退了日军。次日，日军又派来精锐部队，聂士成勇敢迎敌，后来得知牙山没有援兵前来，形势不利，严阵退到平壤。没过几天，日军又有一万多人进攻平壤，总兵左宝贵主张迎敌作战，谁知士兵所用的枪械大多打不出子弹，原来枪支大多已经生锈。这些枪支从外国买来时就半新半旧，入库时只管清点数量而没检查质量。左宝贵悲愤不已，中弹身亡。其他各军境遇与左宝贵军大体相似，陆军吃定了败局。

丁汝昌早就知道枪弹锈损的情形，光绪十五年（1889）6月23日他给军械局写信时就曾提到这一情况。丁汝昌也曾几次就劣质军械与人交涉，却没有引起主管人的重视。

丰岛海战的第二天，丁汝昌率领北洋舰队主力在汉江外海面搜寻日舰，想与之决战，但日舰已经杳无踪影。

战争既已打响，求和已不可能。1894 年 8 月 1 日，中日双方同时宣战。按照中国传统的干支纪年法，这一年是甲午年，这场战争被称为"甲午中日战争"。

第七章

帝后党争的牺牲者

中日正式宣战后，丁汝昌以为他主张决战的愿望能够实现了，于是加紧寻求与敌作战的机会。但此时他依然没有摆脱事事掣肘的境遇，李鸿章仍旧百般阻拦。

丁汝昌一心与日舰决一雌雄。从8月3日到8月8日，五天时间内，丁汝昌两次派"定远""镇远"等六艘船舰开赴朝鲜附近海域寻觅日舰。8月9日，丁汝昌又亲率"定远""镇远"等十舰出外游巡。8月10日凌晨，丁汝昌再率战舰十艘出洋，当天傍晚抵达大同江口。11日，丁汝昌派遣两艘鱼雷艇进探大同江，溯流而上一直到达铁岛。12日，又西巡到海洋岛附近，仍未发现日舰……

原来，日本联合舰队早已接到间谍报告，知道北洋舰队正在出海远航寻其决战。唯恐"哀兵必胜"，刚在丰岛海战中捞到好处的日军有意避开北洋海军的锋芒，没有再到海面给丁汝昌作战之机，而是改变战术，倾巢而出袭扰威海卫。日军这样做是为了

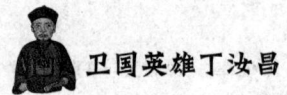

制造声势，牵制北洋舰队，使其为了守卫家门不敢开往远海，这样日舰就能在海面任意纵横了。

果然，日舰大队直抵北洋门户，令清廷上下大为震惊。李鸿章向来担心日舰进入北洋海域，此时惶恐不安，当即传令丁汝昌立刻带整个舰队回来防护。怕电报到不了丁汝昌手里，李鸿章特意雇洋轮送信。12日，接到手谕的丁汝昌不敢怠慢，立刻返回威海。

狡诈的日本海军，一边袭击威海卫，一边广布谣言，传播日军将在直隶海岸登陆的消息。许多人不假思索地相信了谣言，就连一些外国公使都劝告总理衙门小心防范。因此，当丁汝昌接到李鸿章手谕迅速赶回威海港，脚跟还没站稳，就又按照廷旨立即奔赴山海关一带"截击敌船"。北洋海军寻敌不遇，又陷入疲于奔命的境况。李鸿章叮嘱丁汝昌："以后海军不要往远处走了，一旦有警报，全部兵船都要在口岸迎敌。"这样一来，丁汝昌就只能在渤海湾的近海处游巡。一些忧虑国事的将领深知这不是办法，向丁汝昌献计献策，奈何面对朝廷的命令，那些作战计策他一概无法采纳。采取攻势的主张从未得到支持，丰岛海战的重创像一记鞭子一样狠狠抽打在心上，那么多官兵的血痕印在脑海中，谁又理解丁汝昌心中的痛苦呢？

丁汝昌这种时时不遂、事事掣肘的情形，就连日本人也觉察到了。一个日本人说："盖彼（丁汝昌）相信其部下及舰队之力量，而舰队攻防装备亦称完整，故主张采取进攻，计划与我舰队会战，以挫日舰威风，雪丰岛之耻。故此令一下，身受束缚，深表愤恨。其部下将领中也有不平者。"丁汝昌依然尽其所能留意日舰，然而，从8月14日到22日，九天也没有见到日舰踪影。

此时清廷省悟所谓日舰将在山海关登岸之说纯属谣传。但是，经过这一吓，却转而重视渤海门户的防守。23日，朝廷严谕丁汝昌扼守威海、大连湾、烟台、旅顺等北洋要隘，不得远离，不能让一艘敌舰进入，如有疏忽，将丁汝昌从重治罪。有了朝廷这个命令，本来就不主战的李鸿章在消极防御之路上走得更远了。

对日本是战是和，清政府内部的态度一直不一致。有主战的，也有主和的，各说各的理。以光绪帝为代表的"帝党"主战，以慈禧太后为代表的"后党"主张依靠列强调停来议和。光绪帝虽然身为一国之君，但真正掌权的却是垂帘听政的慈禧太后。

慈禧对权力有着极深的迷恋。甲午中日战争之前，她已经宣布"归政"，让光绪帝亲政，但这只是表面上的，实际上人事、行政等大事仍是慈禧说了算。慈禧闭目塞听，看不到欧风美雨下世界形势的深刻变化，仍将大清视为天朝，看不到其他国家的发展，尤其是日本明治维新后的崛起，把日本的一次次试探和进逼

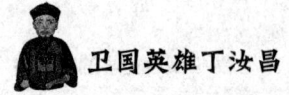

视为儿戏，以为有人从中调解一下、拿出些金银就能保证大清王朝的万寿无疆。适逢六十大寿，她怕战争影响自己的"万寿庆典"，更是积极求和，不思备战。李鸿章也是"后党"的代表人物，掌握着清廷的军事大权，同样把主要精力用在了祈求列强调停上。

而光绪皇帝亲政后很想有所作为，欲挽救清王朝于风雨飘摇之中。忧患深重之时，最要紧的显然是掌握军权，他认为军国大事应该由皇帝自主，所以在对日本的态度上与"后党"截然相反，极力主战。

从 6 月下旬到 7 月中旬，短短半个多月内，光绪帝多次颁布谕令，提出不能靠交涉阻止日本发动战争，在中日关系问题上口舌争辩已经无济于事；也不能对外国势力的调停抱有幻想，外国的劝阻不会从根本上起作用，而且借助外邦力量后，恐怕将来还要生出别的枝节，受到进一步操控；形势已然十分紧急，应该迅速备战，朝臣不能再互相推诿、延误战机。7 月 2 日，李鸿章在奏折中陈述了避战求和、海上交锋恐怕难以获胜等观点和理由后，光绪帝十分不满，降旨责问李鸿章在训练了那么多海军后为何不肯积极备战。

光绪帝的主战态度如此明朗，让主战派官员备受鼓舞，他们积极支持光绪帝亲政，同时必然对慈禧太后和李鸿章深感不满。

尽管不满，却并不敢对慈禧太后怎么样，就只能竭尽全力对李鸿章进行批评。但是，李鸿章是树大根深的朝廷重臣，而且在求和一事上有慈禧太后的支持，"帝党"对他也奈何不得。于是，"帝党"最后把目光投向了丁汝昌，把制裁丁汝昌当作与"后党"斗争的切入点。就这样，帝后两党之争殃及丁汝昌之身，他的处境一天天艰难起来。

"养兵千日，用兵一时。"考验一个军队实力的最好方法莫过于作战。朝鲜事发后，北洋海军首当其冲，被推上一个无情的大考场。战争此时成了一个判官，要判一判这支耗费了一代人心血和国家巨资、历时十余年建立起来的海军实力究竟如何。全世界的眼光都盯着北洋海军。中国出兵朝鲜后，人们对海军未能控制仁川港已经多有议论了。

丰岛海战的前一天，翁同龢与翰林院修撰张謇互通密信，议论李鸿章的是非，提出对北洋海军将领作出变更，免去丁汝昌北洋海军提督的职务；要么以海军之外的提督代替，要么在"镇远"舰管带林泰曾、"定远"舰管带刘步蟾中选出一个。

翁同龢之兄翁同书担任安徽巡抚时，在太平天国战争中有"颂贼"等事，遭到曾国藩、李鸿章弹劾，翁同书受到发配充军的处罚。翁同龢后来得知那道奏折正是李鸿章执笔，由此终身与李鸿章为

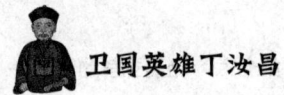

仇，李鸿章在洋务运动中主张的变科举、重西法、练海军、开铁道诸事，无不遭到主持户部的翁同龢掣肘。光绪十七年（1891），时任户部尚书的翁同龢主张北洋海军停购船械两年，除了财政有困难外，与李鸿章的嫌隙不能不说也是原因之一。翁同龢此次提出撤掉丁汝昌提督职务，着眼点是削弱乃至夺走李鸿章的海军指挥权。

来自"帝党"的抨击一天天多起来。

光绪帝爱妃珍妃的师傅文廷式上疏弹劾李鸿章衰病昏庸，请求派别人到天津誓师。

满洲镶红旗人、礼部侍郎志锐指责李鸿章专等外国调停、不认真备战，同时斥责北洋海军提督丁汝昌没扼守仁川，将险要之地拱手让给了外人，首鼠两端，意存观望，要求予以重惩。

光绪帝本来已经对主和派心存不满，志锐是瑾妃、珍妃的堂兄，与光绪帝关系亲密，他的意见是很容易被光绪帝接受的。光绪帝当即降旨追查北洋海军提督丁汝昌，谕令李鸿章对丁汝昌随时留心察看。

丰岛海战爆发后一天，英国驻华公使欧格讷在一份报告中说："中国舰队一直无有能力的首领，委托丁提督管理，这位军官与其说是位水兵，不如说是一名陆军。未受过任何海军技术训练，他的习性和能力，远不足担任一名总指挥。"

丰岛海战后几天，阴差阳错，李鸿章也对丁汝昌产生了误会进而表示不满。丰岛海战当天，丁汝昌没有到达现场，根据方伯谦对战绩的汇报，他向李鸿章发出了"济远"击沉"吉野"、击毙日本舰队司令的请赏电。方伯谦汇报时不准舰上人员说出实情，虚报了战况，当时蒙在鼓里的丁汝昌只能据此上报。后来李鸿章从驻日公使馆的来电中证实并无此事，就对丁汝昌有了看法，在复电中严厉地责备了他。

丰岛海战后，丁汝昌积极率舰游巡，没能遇到敌舰，回到威海布置防务。"帝党"又攻击丁汝昌护航不得力、有意躲避战争，要求交刑部治罪。光绪帝批阅奏章时深感愤怒，甚至摔碎了茶碗，说："丁汝昌不能作战，往他那里费那么多饷银有何用？"

中日宣战后，丁汝昌连续多日率北洋舰队出海寻找日舰，为找不到日舰而叹息。主战派又一次责怪他怯懦不前，说他总是以刘公岛为藏身之所，应该受到弹劾。8月3日，光绪帝根据这些指责言论质问李鸿章："以前说过，丁汝昌寻找倭船不遇，折回威海卫布置防务。可是，威海卫所处的位置并非敌锋所指，在这里有什么可布置的？莫非以此处为藏身之所？"光绪帝重申察看丁汝昌一事，已经有了免除丁汝昌职务之意。李鸿章一面解释说

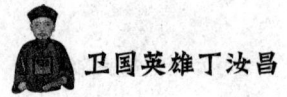
北洋海军没有侦察快船，力量薄弱不能冒险出战，一面电示丁汝昌"参折甚多，谕旨极严"，让他"振刷精神，训励将士，放胆出力"，做出成绩以堵众口。

时隔两天，光绪帝仍未接到丁汝昌巡击敌舰的报告，非常着急。而关于丁汝昌怯懦规避、偷生纵敌的流言却不停地传到他的耳朵里。8月5日光绪帝沉不住气了，又电谕李鸿章，疑心丁汝昌没有用心游巡，且一次次以没遇见敌舰为由推卸责任，"照这样下去，以后丁汝昌也会以没遇到日舰为借口！"言辞严厉，在流言蜚语的影响下已经对丁汝昌极不信任，并且再次申明更换将领的主张。

8月6日，李鸿章复电总理衙门，反对更换北洋海军提督。李鸿章说："局外人的种种责备，恐怕是因为不了解局内人的良苦用心。海军事务效仿西法，事理精奥，绝不是没学过的人所能胜任的。而且临敌更换将领自古以来就是大忌。此时更应该随时告诫、勉励，责令丁汝昌振作精神，竭尽全力御敌。"由于李鸿章的坚决反对，军机处决定对更换北洋海军提督一事暂缓决议。

从建设海军之日起，李鸿章的战略思想就是近海作战，扼守海口，确保渤海门口的稳固和安全。中日之间的战争爆发后，拱卫京师成为李鸿章的第一使命，只要把京师保护好，他就没有失职。光绪帝的催战，却是希望北洋海军力挫敌锋，用一次海上大战灭一灭日本的嚣张气焰。顶头上司李鸿章时时提醒"初战宜甚"，光绪皇帝则力主"力挫敌锋"，丁汝昌真不知如何是好，最要命的是日舰在海上一直没有踪影，他终日为巡航疲于奔命，而言官的参奏谴责有增无减。

有的官员甚至建议让丁汝昌来京觐见，借机诱捕。

军机处讨论处分丁汝昌一事，争论十分激烈。翁同龢等人要求朝廷将丁汝昌革职，令其戴罪自效。也有些大臣认为此事不宜过于峻急，应先让李鸿章保举接替丁汝昌的人选，然后再降旨革职。翁同龢则不同意。

最后，翁同龢的意见占了上风。光绪帝于 8 月 26 日明降谕旨："海军提督丁汝昌着即行革职，仍责令戴罪自效，以赎前愆。倘再不知奋勉，定当按律严惩，决不宽贷。"

对于丁汝昌遭到的不公正谴责和处置，许多人都有意见。美籍海员、"镇远"舰帮带马吉芬在《鸭绿江外的海战》中鸣不平："某某报纸还攻击丁提督怯懦，未能及时搜索敌人，迅速交战。请让我暂且交代一下事实。8 月 10 日威海卫被袭击之后，北京总理衙门给提督送来一份严令说，无论发生何等情况，都不许越出自成山角灯塔到鸭绿江口一线。忠勇的老提督对此深为愤慨，麾下一部分将校也鸣不平，然而提督毕竟不能违背命令。"

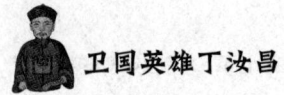

慈禧对处置丁汝昌一事也不同意，但谕旨已发，难以收回。她于 8 月 27 日另寄给李鸿章一道电旨，让李鸿章速选能够接替丁汝昌的人奏报。说是"速选"，实则选人必定需要时间，这等于让李鸿章在选人时间上尽量拖延，给其以回旋余地。李鸿章会意后上奏：丁汝昌"从前剿办粤捻，曾经大敌，叠著战功；留直后即令统带水师，屡至西洋，借以增加阅历；创办海军，特蒙简授提督"，对海军"情形熟悉"，"目前海军将才中尚无出其右者"。慈禧太后根据李鸿章的奏报，表示不同意革丁汝昌之职。面对京城的舆论威势和光绪帝震怒，李鸿章又择机剖白。

光绪帝只得降旨："丁汝昌暂免处分。著李鸿章严切戒饬。"因此，这位苦心孤诣、尽心竭力的海军提督得以免遭革职的厄运。

满腔热血、立志报国的北洋海军提督丁汝昌，在误解、诽谤、流言蜚语中有口难辩、忧愤难平。这位爱国将领的内心承受着怎样的煎熬，也许只有他自己知道。

第八章

激战，这就是甲午

光绪二十年（1894）9月上旬，更多的日军逼近平壤。清廷为了挽回陆军在朝鲜的败绩，决定再次增兵赴朝作战，令丁汝昌做好护运准备。16日凌晨丁汝昌亲自率领十八艘舰艇护送运兵船，从大连湾驶向大东沟，次日完成渡兵任务准备于午后返航。

这天早晨天气晴朗，海上风平浪静。圆满完成护航任务的北洋海军官兵心情愉悦，在船舰上凭栏远眺，只见海天一色，波光粼粼。9时左右官兵们照常列队操演。自丰岛海战以来，北洋海军官兵渴望与敌军决一胜负，士气旺盛，个个精神焕发。为了让官兵接受丰岛遭袭教训，全身心投入到备战中，丁汝昌让各舰撤掉舢板，表示与舰船共存亡的决心，还将舰上不必要的物件和易燃品移到别处，以减少战斗时起火的可能。舰体被涂成银灰色以更好地起到掩蔽作用，舱面等部位堆积了三四尺高的沙袋作掩体，沙袋内则藏有炮弹以供紧急时快速取用。

演习结束已近中午。就在官兵准备就餐时，瞭望兵突然发现

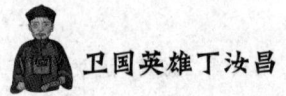

一支舰队驶过来。丁汝昌迅速带领将士登上"定远"号旗舰前方的飞桥。从望远镜看，舰队悬挂的是美国国旗。丁汝昌深知日军惯于偷袭，不敢掉以轻心，一面目不转睛地继续观察，一面命令士兵升火准备。将士们有的连饭也没吃一口，立即回到各自岗位。那支舰队果然来者不善，逼近北洋舰队时突然全部改悬日本国旗。

平静的海面顿时漾起簇簇黑烟，一场恶战即将开始。丁汝昌下令各舰起锚列队迎敌。霎时间，战斗喇叭声响彻舰队，在海上四散开来，浓黑的煤烟遮天蔽日。丁汝昌站在飞桥上，与右翼总兵、"定远"舰管带刘步蟾和汉纳根一边注视日舰动向一边商量对策。丁汝昌传令，以"定远""镇远"为第一小队，居于舰队之首；"致远""靖远"为第二小队，"来远""经远"为第三小队，"济远""广甲"为第四小队，"超勇""扬威"为第五小队，跟在后面，排成"犄角鱼贯小队阵"，驶向敌舰迎战。

这次日方前来参战的军舰共十二艘，总指挥是海军中将、联合舰队司令伊东祐亨。他将日舰分成两个战术队。"吉野""高千穗""秋津洲""浪速"四艘巡洋舰航速较高，作为第一游击队担当先导，由海军少将坪井航三指挥，"吉野"是旗舰；"松岛""严岛""桥立""千代田""西京丸""比睿""扶桑"等八舰为本队，以纵队在第一游击队后方跟进。

北洋海军参战军舰是十艘。无论吨位、航速还是速射炮配置，日舰都更占优势。对北洋海军来说，这一役确实是一场严峻考验。

日舰"西京丸"来势凶猛，军令部长桦山资纪在舰上观战。他们用望远镜看到，北洋军舰上，肤色黝黑、体魄强健的壮士们严阵以待，一伙一伙地守在大炮旁，已经为一场你死我活的拼杀做好准备，不禁心头一惊。

随着时间分分秒秒的流逝，双方舰队愈加靠近，都想争取主动、先发制人。此时，黄海大东沟海面充满凝重、肃穆的气息，死一般的寂静笼罩了每一个士兵，只有军舰烟囱不停地冒出一股股浓烟。丁汝昌意识到，如果继续保持刚才的阵形，就难以发挥后面八舰舰首重炮的威力，于是下令把纵阵改成横阵"犄角雁行阵"，并加快速度迎击敌舰。

考虑到北洋海军军舰质量不一，缺少信号装置，信号手人数不足，有些舰长缺乏实战经验，舰队行动恐怕难以保持一致，丁汝昌预先向舰队发出了训令，要求舰型一致的舰船协同动作、互相支援，要始终以舰首朝向敌舰，在可能范围内要随同旗舰运动。

变换阵形是需要时间的，当时情况紧急，北洋舰队尚未从刚才的阵形变成整齐划一的横阵，刚刚变成"人"字阵时战争就开始了。

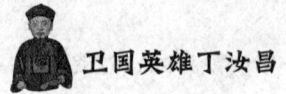

12 时 50 分，双方相距五千多米，北洋舰队旗舰"定远"号前主炮打出了黄海之战的第一炮。炮声一响，其余各舰相继开炮射击，敌方也以炮弹相击，一时间炮声不断，海水轰鸣不已，海波为之沸腾。丁汝昌已抱定以身许国的决心，他乘坐的旗舰"定远"号冲锋在前。

敌舰攻势十分凶猛。战斗刚打响数分钟，"定远"号的瞭望台就被敌舰炸毁，正在瞭望台上指挥战斗的丁汝昌被重重地摔在甲板上，身受重伤。他的左脚被夹伤，一只手鲜血淋漓，头部和身上多处被火烧伤，腰部挫伤，顿觉疼痛难忍，无法站立。将士们连忙将丁汝昌扶入舱内包扎伤口。有人看丁汝昌伤势如此严重，不让他再到外面去。丁汝昌深知这是生死攸关的时刻。舰外炮声隆隆，北洋舰队已经进入日舰的射程，危急时刻一秒钟也不能耽搁。他不顾自己的生死，不听将士规劝，将伤口稍加包扎后，忍着剧痛立即出舱。站不起来，他就坐在甲板上，继续指挥战斗，下达着作战命令。身上不计其数的伤口仍在流血，透过纱布流在甲板上。

"定远"号冲在"人"字形舰阵的最前端，成为最易受到炮火攻击的船舰。北洋舰队紧紧跟随"定远"，迅速向日本联合舰队冲去。

日舰见北洋舰队来势凶猛，心生畏惧，对"定远""镇远"

两艘铁甲舰尤其不敢小觑，唯恐与之正面相遇。于是日舰动了一番脑筋，第一游击队先是佯装攻击北洋舰队中坚，突然扑向北洋舰队右翼的"超勇""扬威"二舰并迅疾开炮。

"超勇""扬威"虽然已经是十舰中舰龄最长、实力较弱的船舰，火力和防御能力都较差，但两舰官兵毫不畏惧，奋勇抵抗，在"经远"号的配合下，打死日方海军少尉浅尾重行，打伤水兵并引起火灾。

"高千穗"被击中数炮，火药库附近的军官室被击穿，厚厚的钢板被穿透，室内器具无不粉碎，弹丸四处飞扬，衣物和破碎的木板着了火，火势眼看着就往旁边的火药库蔓延，士兵面临着全部被炸死的危险。"高千穗"舰上一时乱作一团。正在这时，"秋津洲"第五号炮座又被北洋舰队炮弹击中，海军大尉永田廉平等人被击毙。

但是，"超勇""扬威"号受伤严重。"超勇"终因中弹过多渐渐难以支撑，右舷倾斜，海水渐渐淹没甲板，全舰最终沉没。管带黄建勋坠入水中后，鱼雷艇前往搭救，黄建勋不肯上艇，从容赴死，舰上士兵也大多壮烈牺牲。经过一场鏖战，"扬威"号首部尾部各炮都不能再动，日舰的炮火又威逼而来，"扬威"只得拼命驶离战场，途中却又搁浅；管带林履中登台一看船舰已毁到这般地步，再无法补救，也不肯登上前来营救的小艇，英勇蹈海。

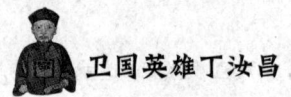

　　惨烈的战斗愈打愈烈，北洋海军将士效死用命，毫无惧色。枪林弹雨中，北洋舰队已经有好几艘战舰中弹起火，官兵的鲜血染红了甲板，但众人依旧前仆后继、奋勇杀敌。战到下午1时许，"定远"舰忽然中了一炮，舰腹被击穿，炮弹炸开的洞口喷出熊熊火焰，火势十分猛烈。"定远"号不得不集中人力灭火，攻势顿时弱下来，而火势却不见减小。日舰看准时机，第一游击队迅速向"定远"扑来，频频发炮，想彻底击毁"定远"。千钧一发之际，"镇远"管带林泰曾令帮带大副杨用霖赶去掩护。

　　这时，"致远"管带邓世昌见"定远"陷于危难，为了保护旗舰和提督丁汝昌，也连忙让帮带大副陈金揆开足机轮，迅速前往迎敌。邓世昌激励将士说："我们从军保家卫国，早已将生死置之度外，今天的战事，不过一死罢了！"又说："即使我们死了，但我们海军的声威更加壮大，这也就是我们报国的方式！"

　　邓世昌话音刚落，"致远"舰就如离弦之箭一般冲到前方，截住敌舰。旗舰"定远"因此有暇扑灭火灾，转危为安。但"致远"却因此弹痕累累，受到重创。此时，敌舰"吉野"恰好处于"致远"前方。邓世昌见"吉野"横行无忌，早已义愤填膺。眼看着"致远"受到重创已难以继续作战，邓世昌准备与"吉野"同归于尽，为北洋舰队再尽最后一份力。他对将士说："倭舰横行霸道，全

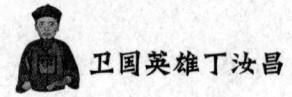
仗着'吉野'，如能击沉它，我军可以进一步进攻了。"陈金揆深受感染，眼含热泪开足马力，奋不顾身地向日舰"吉野"撞去。

"吉野"舰上的日军见状，惶恐不已，纷纷跳水逃命；舰长吓得张口结舌，手足无措。奈何"致远"连中数炮，舰上鱼雷爆炸沉于大海，邓世昌和全舰二百多名官兵大多壮烈牺牲。

邓世昌坠海后，救援者递给他救生圈，他断然拒绝，高喊："事已至此，誓不独生！"马上又有一艘鱼雷艇驶来，水手们大喊："邓大人，快上扎杆！"邓世昌誓与战舰共存亡，再次拒绝。这时，他养的一只爱犬也游到他身边，衔住他的手臂救他脱险，邓世昌一手推开。爱犬再次游过来衔住邓世昌的头发，他将爱犬按入水中与自己一同沉入海底。

坐在甲板上督战的丁汝昌见邓世昌壮烈殉国，悲愤不已，舰上官兵无不心生凄恻。

"致远"沉没后，北洋舰队左翼的"济远""广甲"二舰远离舰队，处境危险。开战后"济远"就多次被炮击中，伤亡十余人。"济远"管带方伯谦起先悬挂了宣示船舰已受重伤的旗帜，等看到"致远"沉没，立刻改变方向向西驶去，于下半夜逃遁到旅顺。"广甲"管带吴敬荣见"济远"西驶，也随之离去，夜半时在大连湾三山岛外触礁搁浅。

"济远""广甲"逃遁之时，日舰第一游击队本想追击到底，因相距太远而半路折回，恰好遇到"经远"。"经远"被划出阵外，势单力薄，中弹也很多，已经着火。尽管如此，管带林永升仍旧率领将士奋勇杀敌，同时击水救火。见"经远"如此骁勇，"吉野"等四艘日舰将其团团围住，同时猛攻。"经远"毫不畏惧，不屈不挠地搏斗。在激烈的炮战中，林永升中弹身亡。帮带大副、二副也相继身亡。在没有人统领的情况下，"经远"舰上的士兵依然奋勇杀敌。在与日舰相距不到二千米时，"经远"遭到四舰速射炮猛攻，舰上燃起熊熊烈焰，士兵在与船舰同时下沉的过程中仍在向日舰开炮，直到海水吞噬了整艘战舰。"经远"号二百名官兵除十六人获救外，其余全都壮烈牺牲。

酣战多时，北洋舰队只剩下"定远""镇远""靖远""来远"四舰，日本联合舰队尚有九舰。北洋舰队以四舰对抗九舰，处境之艰危可想而知。但四舰官兵依旧拼死搏斗，与日舰在海面久久对峙。

下午3时20分后，战斗被分成两组进行。"定远""镇远"被日舰本队"松岛""严岛""桥立""千代田""扶桑"五舰缠住；"靖远""来远"被日舰第一游击队"吉野""秋津洲""浪速""高千穗"围攻。日本仗着自己船舰数量多，想把北洋舰队拆分成两组，

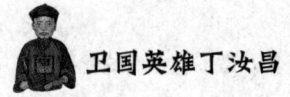

削弱其战斗力，再一一攻取。那时就消灭了北洋海军主力，可以结束战斗了。但是，中国巍然屹立在海面的四艘战舰决心与其战斗到底。

面对日舰第一游击队的猛烈攻势，"靖远""来远"二舰将士愈战愈勇。"靖远""来远"舰型本来不同，不属于一个编队，但在危急时刻，两艘战舰的管带为了维护战舰、打击敌军，临时建立了协作关系，彼此互相掩护和支持，坚持战斗，炮手不停地回击。日舰的炮弹给"来远"造成火灾，机舱热度一度高达二百摄氏度，舱内人员仍在忘我地工作，等到火灾消除，舱内的人全都被炙烤得伤痕累累。

"靖远"中弹颇多，情况紧急。为了修补漏洞，向"来远"发出西驶信号。"来远"见状，默契地向西驶去，"靖远"紧紧跟上，冲出了日舰第一游击队包围。驶至大鹿岛附近，二舰占据了背靠浅滩的有利地势，一面灭火修船，一面用舰艏重炮轰击追赶而来的日舰。此时"吉野"等四舰失去地利，紧追有搁浅的危险，因此不敢靠近，"靖远""来远"掌握了主动，化险为夷。

同一时刻，"定远""镇远"二舰正在刚才的海域与日舰本队的五艘战舰激烈搏斗。铁甲舰"定远""镇远"是日本舰队的心腹大患，日舰此次想借实力对比悬殊之机将其一举击毁。日方暂时放下其他事务，举五舰之力紧紧包围"定远""镇远"二舰，不断投射榴霰弹在二舰上引起火灾。"定远"甲板起火，烈焰冲天，大火几乎蔓延全舰。"镇远"甲板上火势更大，士兵在将领指挥下奋力救火，迎着枪林弹雨，终将大火扑灭。二舰顽强不屈，一步也不肯相让。

战到下午3时30分，"定远"与日本旗舰"松岛"相距约二千米时，"定远"发出炮弹，命中"松岛"右舷下甲板，顿时爆炸，响声震天，击毁其第四号速射炮，其左舷炮架全部被毁，还引起甲板上弹药爆炸。一瞬间雷霆万钧，火花四射，烈焰升腾，浓烟蔽海。经过一阵剧烈震荡，"松岛"号舰体倾斜，死尸或散落甲板，或飞入海中，舰上鬼哭狼嚎，尸臭扑鼻。还不待细看，一团烈火以不可阻挡之势吞噬了舰体，虽然全舰尽力灭火，但海风猛烈，火势不衰，"松岛"号在海风中成为一片火海。

到了下午4时10分，"松岛"号的大火虽被扑灭，但舰上设施已全部被摧毁，指挥能力和战斗能力完全丧失。"松岛"自身难保，只得发出各舰随意运动的信号，随后努力摆脱"定远""镇远"二舰，与其他日舰仓皇逃窜。北洋舰队追击不舍，但终因航速不及日本联合舰队，傍晚时分不得不转舵驶向旅顺。整个海战过程中，丁汝昌始终坐在甲板上，面不改色，沉着督战。他以身作则，

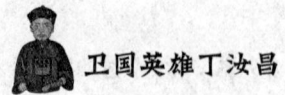

激励将士勇往直前痛击日舰。

战后第三天，丁汝昌伤势恶化，全身异常疼痛，不得不请求修养。李鸿章请示清廷，让刘步蟾暂时代理提督，命丁汝昌抓紧时间调治。清廷因丁汝昌在黄海海战中统帅全军有功，从优议叙。这样一来，总算能把流言蜚语消解一下了。

黄海海战后，野心不死的日本准备再次进攻北洋海军。战后仅十天，日本海军就将战舰全部修复并再次全军出动。李鸿章一边劝慰丁汝昌悉心养伤，一边命他督促修复北洋海军受伤的战舰，早日出海游巡北洋各海口。

事实上，丁汝昌即便在养伤的时候也没有忘记战舰，何须李鸿章叮嘱，他早就派人修理伤舰了。可是修了近一个月，"来远"只完工一半，"定远""镇远"的起锚机尚未配妥。舰只伤重，一时难以修好，有些配件国内根本买不到，工匠的人数也渐渐减少——黄海一战，北洋海军官兵虽然作战勇猛，但也见识到了日本海军的实力，深知他们不是日本海军的对手，因此士气渐渐低落，有些工匠也陆续离开。此时李鸿章一再催促，每隔几天就来个电报，伤病未愈的丁汝昌担着深深的苦恼。

丁汝昌比李鸿章还清楚，日本绝不会善罢甘休，一定会再来作战的。军舰的好坏关系到国家尊严和将士安危，作为北洋海军提督他岂能因伤病坐视不管。为了亲自督促修建，不待痊愈，丁汝昌就拖着病躯销了假，回到任上。

然而，尽管一再催促修舰，李鸿章的目的却并非与日军决战，而只是想利用北洋舰队的声势来"震慑"敌人。黄海海战后，北洋海军的大小舰艇还有四十多艘，其中有主力舰两艘，还有巡洋舰、炮舰、鱼雷艇，损失并不算太严重，日本对北洋海军的实力其实仍存戒惧之心。但是，李鸿章有意夸大损失，说"海军现在只有五六只船可以出海，不能参加大战以免再受损失"，明确告诉丁汝昌："有警报时，率船出傍台炮线内合击，不要出大洋作战。"这就意味着无论日舰如何进攻，北洋海军只能困守在港内，不能出港口打击敌军。

10月28日，丁汝昌游巡旅湾、大孤山一带时，发现了日军商船和雷艇，电请李鸿章，准备督率将士尽力死拼，李鸿章不但不支持，反而训诫说："根据情况试探，不要说什么死拼。"10月底，日军兵分两路，一路突破鸭绿江，另一路在海军护送下于辽东半岛花园口登陆，侵入中国本土。李鸿章没有阻止日本海军或陆军作战，登陆中国的日军不费一枪一炮，如入无人之境，一开始甚至以为这是清军设下了什么计策。

日军侵入中国，罪名又被加到丁汝昌头上。11月2日，清廷

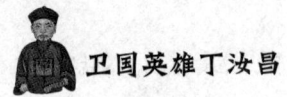

以丁汝昌统带战船不力，黄海海战后从优议叙的提案又撤销了。花园口登陆后，日军开始向金州、大连等地进犯。丁汝昌担心旅顺船坞和船坞内舰只的安全，当即致电李鸿章提出剿杀敌寇对策，李鸿章却严厉驳斥，并表示无法派兵支援。

11 月 7 日是慈禧太后的六十大寿，光绪帝率文武百官祝贺，庆典铺张扬厉，备极一时之盛。这一天也是丁汝昌的五十八岁生日，丁汝昌却只能在日军进攻旅顺、大连的炮声中度过。这一天，大连失守，旅顺告急。李鸿章一味避战保船，对战事毫不预备。丁汝昌无法为旅顺求援，只能游巡。11 月中旬，在由旅顺撤回威海途中"镇远"不慎触礁，伤势更重，管带林泰曾见状服毒自尽，北洋海军损舰失将。

占了大连湾，日军就向旅顺进攻。旅顺失守，威海成了北洋海军最后一个基地，也成了日军攻击的下一个目标。日军进攻旅顺时，丁汝昌被革去尚书衔，摘去顶戴。旅顺陷落后，丁汝昌又被革职，暂留本任。

光绪二十一年（1895）年初，日军进犯威海卫，丁汝昌主动请战，说："北洋海军与其坐以待毙，不如起来迎击日军！"李鸿章下达的命令依然是："不许出战，不许轻离威海一步，如有违令出战者，就算打胜了也要治罪！"

丁汝昌的手脚完全被捆住了，但他早已把生死荣辱都置之度外。他积极备战，在威海认真筹划防务。当时流传着一个说法：铁打的旅顺，纸糊的刘公。意思是旅顺有大量军事设施，牢不可摧，而刘公岛的军事设施远不如旅顺。事实却是旅顺迅速失守，而刘公岛在丁汝昌的悉心布防下，日军连续进攻八次未能得手。如果后来援军能够及时赶到，刘公岛是可以保住的。

丁汝昌知道，要想守住威海刘公岛，必须加强海军防务并搞好海陆联防。他向各舰发布训令并督促落实到位，同时整饬军纪，严查奸细，禁止海军官兵酗酒赌博，加强粮食储备，尤其是将刘公岛南北两口封锁得十分严密。威海卫炮台分设在南北两岸。如果南北两岸和刘公岛上的炮台、港内的舰队互相配合，将形成立体交叉的强大火力，足以对付海上来的日寇，但如果南北两岸炮台失守，就会形成敌军对港湾和刘公岛南北夹击的局面。因此南北两岸的炮台十分关键。丁汝昌在做好海军防务的同时，积极与驻守在南北两岸炮台的将领联系，请他们共同防御日军。丁汝昌对陆军的战力表示担心，建议做好炸毁陆路海岸炮台的准备，免得一有闪失被日本人夺取利用；这一建议却被陆路军队统领戴宗骞误以为贪生怕死、通敌误国。清廷下令将丁汝昌交刑部治罪。在刘步蟾等将领的通电请愿、李鸿章的极力申辩下，清廷下令等

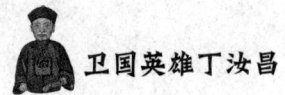

丁汝昌手头事务结束再解送刑部。丁汝昌虽然境遇艰难，仍力图振作，召集诸将筹商水陆战守事宜。

就在丁汝昌为筹办威海卫防务日夜奔走时，日军也在积极准备对威海的进攻。1895 年 1 月，日本海军不断派出军舰到山东半岛各口探察。待到月底，日本登陆步兵在海军配合下，开始进攻威海南岸炮台。丁汝昌迅速反应，将北洋舰队余舰分成两队。丁汝昌登"靖远"舰率"镇南""镇西""镇北""镇边"等舰，支援威海南岸炮台的守军；其余各舰与刘公岛、日岛炮台配合，守住威海南、北两口。

日军向南岸摩天岭炮台发起进攻，丁汝昌以排炮打得日军尸横遍野，左翼支队司令官大寺安纯被击毙。攻占摩天岭炮台后，日军掩护右翼支队向杨枫岭进攻，守军奋力抗击，自上午 8 时到11 时，激战三个小时，打退敌军的多次冲锋。敌军冲不上去，就集中炮火疯狂轰炸，炮台周围的树木起火，弹药库也被击中，守军伤亡过半被迫撤退，杨枫岭炮台被攻陷。

日军右翼支队进攻南炮台时，左翼支队向南炮台附近的虎山进攻，想攻克虎山再向北推进，切断南炮台清军的退路，配合右翼支队南北夹击。驻守虎山的清军奋勇杀敌，日军伤亡惨重，但指挥官后来弃军逃跑，虎山失守。日军向北推进，切断了清军退路。

在这紧要关头，丁汝昌亲自指挥"靖远""镇南"等炮舰驶到杨家滩附近袭击日军，日军仓皇逃走。

日军攻下南岸陆路炮台后，发起对龙庙嘴、鹿角嘴、皂埠嘴三座海岸炮台的夹攻。日军先攻向龙庙嘴炮台，守军寡不敌众，全部壮烈牺牲。日军随即用炮台上的大炮向鹿角嘴炮台轰炸，摧毁了长墙，日军从缺口进入，守军没有近射武器，鹿角嘴炮台被攻陷。日军又利用清军的大炮轰炸皂埠嘴炮台。当日军攻上皂埠嘴炮台时，丁汝昌命鱼雷艇炸毁炮台，正在台上悬挂日本国旗的日兵被炸得飞向空中；子弹库炸得翻了个，日军被炸得鬼哭狼嚎。日军第二师团进攻凤林集，被北洋舰队的排炮轰退。

2月1日，丁汝昌亲自去威海北岸布置炸毁北山嘴等海岸炮台，次日又派鱼雷艇焚毁北岸渡船。2月2日，日军向威海城进攻，城内守军溃散。日军立刻向北岸炮台进攻，北岸六个营的守军也先后溃散，北岸炮台失守。威海卫和南北两岸炮台全部被日军占领。至此，刘公岛与威海失去联系，成了一座孤岛，北洋海军陷入腹背受敌的困境。

日军一刻不停，水陆联合向北洋海军和刘公岛发起猛攻。丁汝昌不屈不挠，多次打退日军进攻，敌人始终无法进入刘公岛。2月3日，日本联合舰队向刘公岛、日岛和港内的北洋海军发起猛攻，

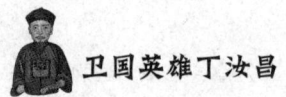

日本陆军也修好南岸炮台的七门大炮，配合海军从南岸发炮夹击，企图一举消灭北洋海军。面临这样的封锁，丁汝昌毫无惧色，击伤日本军舰两艘。日本舰队司令伊东祐亨见正面进攻艰难，就改变策略决定采取偷袭的办法。

当晚，日军派鱼雷艇偷偷进入港内破坏防材，因港口戒备森严只切断一条铁索。4日晚，日军派出十艘鱼雷艇偷袭，北洋海军诸舰纷纷开炮，有的舰艇在慌乱中触礁，有的舰艇因故障放不出鱼雷，仓皇落水的日兵四处逃窜，海军少尉铃木虎十郎游泳上岸后被冻死。其中9号艇单独越过防材进入港内，遭到北洋海军哨艇袭击，"定远"击中艇上汽罐，艇上日军非死即伤。由于汽罐爆炸无法航行，19号艇赶来拖曳退走，北洋海军哨艇奋力追击。但是，"定远"被鱼雷击中受到重创，海水大量涌入舱内，舰身逐渐倾斜。丁汝昌急忙下令将其开到岸边搁浅，才没有沉没。"定远"管带刘步蟾悲愤难抑，心生死念。北洋海军旗舰受到重创，丁汝昌移到"镇远"舰继续督战。

偷袭不成，日军又采用围困战术。5日，日本联合舰队二十二艘战舰环绕在威海卫南北两口，发动猛攻，双方激战良久，各有伤亡。日舰最终难以接近两口，只好停止进攻退向外海。

6日，日本联合舰队凌晨偷袭，北洋海军三艘军舰被鱼雷炸沉。

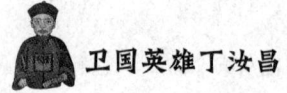

日军以为这次一定能攻下刘公岛，就于当天下午对刘公岛发动海上正面进攻。日本陆军在威海北岸架设了快炮，与舰队配合夹击刘公岛。丁汝昌命"靖远"等舰回击北岸，命其余各舰与刘公岛、日岛各炮台配合，日军阴谋未能得逞。

7日，日军对刘公岛发动总攻，决心全歼北洋海军。这天早上炮火异常猛烈，开战仅五分钟日舰"松岛"号就被击中，"秋津洲""浪速"紧接着也被击中。日军气焰受挫。9日，风雪交加，日本海军大小舰艇四十多艘齐集威海南口，大有不冲进来不罢休之势。同时还在北岸架起十二门大炮向刘公岛排轰。丁汝昌站在"靖远"号上率军还击，击伤日舰两艘、大炮一尊。不幸的是，"靖远"中弹搁浅，尽管日军仍未如愿，但北洋海军的力量更为削弱已是不争的事实。10日和11日，日军同样猛攻刘公岛，刘公岛东端的大炮被毁，守军被迫撤出炮台；丁汝昌率军连续击伤多艘敌舰。日军还是无法踏上这片土地。

丁汝昌力撑危局，苦守刘公岛，把希望寄托在援兵上。早在1月22日丁汝昌就曾得到消息：如果威海能支持二十天，外省援军就可赶来解围。

清军日夜激战，无休无歇，此时已疲惫不堪。就在2月7日日军对刘公岛发动总攻时，丁汝昌令鱼雷舰队管带王平率十三艘鱼雷艇和两艘汽艇出海作战，但王平见形势不利，竟带人乘机外逃。最后，逃跑的舰艇多被日军击沉。王平逃到烟台后，不敢据实说话，谎称北洋海军已经突围冲出海口，刘公岛已落入日军之手，致使原本派往威海增援的陆路援军全部被召回，刘公岛的外援彻底断绝。在最需要兵力的时刻，王平的逃离让北洋海军进一步深陷困境。官兵中不可避免地发生了混乱，士气低落，人心惶惶。次日，不少士兵扬言不再作战，要求离岛。此情此景让丁汝昌心里忧愤交加，他只有好言劝慰，让官兵耐心等候援军。此后的几次战斗，尽管丁汝昌依旧冲锋在前，士兵的锐气却已大不如先前。经过多日鏖战，北洋海军消耗甚多，补给甚少，伤亡众多，弹药将尽，如果没有援军，败局已无法挽回。

援军杳无音讯，丁汝昌心中不安。他担心援军不到，日军掳获北洋海军船舰，便派舰用鱼雷炸沉了已然搁浅的"靖远"，并为"定远"装上火药，将其炸毁。"定远"管带刘步蟾见自舰被毁，当天晚上服毒自杀。这使濒临崩溃的军心雪上加霜。

丁汝昌不敢绝望，派人偷渡威海，从旱路去往烟台报信。尽管王平的谎言被揭穿，援军依然未能赶到。由于旅顺、大连被日军侵占，当时清廷的主要精力已经用于防范日军进逼天津、北京。山东抚院一再催促依然无济于事。丁汝昌终于明白，援军不会来了。

第九章

自杀殉国却被冒名投降

援军不来，日军的劝降书却到了。这封劝降书是伊东祐亨委托在威海卫海域的英国军舰"塞万"号带给丁汝昌的。送达劝降书的时间是春节前的除夕。也许日本人想利用这个特殊的时间引起丁汝昌对家乡亲人的思念和对生活的眷恋。伊东祐亨在信中反复陈说，劝诱丁汝昌逃亡日本。

丁汝昌这个堂堂正正的汉子、顶天立地的英雄，并非对生活毫无眷恋、对亲人没有深情，但他早已抱定以身许国的决心。在刘公岛海军公所里，看罢书信的丁汝昌只是淡然一笑。他立即将劝降信转交给李鸿章，表明威武不屈、死战到底的决心。

1895年2月4日，英国海军远东舰队司令官斐利曼特受伊东祐亨委托，来到威海卫军港，劝丁汝昌率部投降。丁汝昌严词拒绝。

2月8日，刘公岛已经完全陷入绝境。北洋海军中的一些洋员商量一番，也来向丁汝昌劝降，丁汝昌坚决不降。来自德国、担任炮术教习的瑞乃尔会说中国话，他大声对丁汝昌说："可战

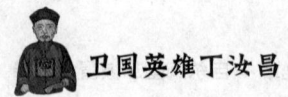

则战，如果士兵不愿作战，投降也是适当的举措。"还私下劝说丁汝昌："众心已变，不如沉船毁炮台，徒手投降比较合适。"丁汝昌斩钉截铁地说："我早知道事情会如此，但决不能目睹这一幕！"

最近这些天，士兵的骚动已经日益严重，不断有人前来向丁汝昌哀求生路，声称不愿再作战、不愿再送死。丁汝昌不听劝降，而一些懦弱的将领投降之意已决，恐怕空手投降不能给日军带去好处会引起其不满，拒不执行丁汝昌的沉船命令。一些贪生怕死的无耻之徒甚至指使兵痞威逼丁汝昌率众降敌。

此时，威海口外布满日军舰艇。清军所剩下的舰艇都已受损，弹药也不充足，冲出重围显然已经不可能了。

受到煽动的岛上士兵和民众，也纷纷哀求丁汝昌投降。但丁汝昌意志坚定，决不愿目睹投降一幕。此刻他深深知道，牺牲一己之生命，足以保全他人之生命；为国效力多年，如今只欠一死。他并不怕死，早在威海被围之前，就有人看见他为自己买好了棺材。

丁汝昌劝退众人，一人留在提督署内，默默沉思良久，眼中噙满泪水。他曾向众人承诺：坚守刘公岛，自有生路。如今，是兑现"自有生路"这一承诺的时候了。

2月12日,为国为民效死用命、心力交瘁的丁汝昌服鸦片自杀,以身殉国，时年五十九岁。

丁汝昌殉国前，嘱咐北洋海军官员牛昶昞将北洋海军提督印截角作废，以防有人盗用他的名义投降。牛昶昞满口答应。

谁料丁汝昌殉国当天，洋员和诸将齐集牛昶昞家商讨投降之事，并推举"镇远"舰管带杨用霖出面主持投降事宜。杨用霖严词拒绝，回到舱内饮弹自尽。护军统领总兵张文宣拒绝投降，与杨用霖同时以死报国。

北洋海军中的洋员浩威提议以丁汝昌的名义投降，当即起草投降书，由牛昶昞钤以北洋海军提督印，送交日军。2 月 14 日，牛昶昞与日方签订了降约。经营多年的北洋海军，至此全军覆没。

对于丁汝昌宁死不屈、以身殉国的壮举，连伊东祐亨都深受感动。他打心里佩服这位中国海军提督，对死去的丁汝昌表示了极大的尊重，以解除武装的练习舰"康济"号将其灵柩由威海卫运到了烟台。然而，牛昶昞等人为了推卸罪责，将主张投降的责任加在了丁汝昌头上，使丁汝昌死后蒙冤十几年。光绪帝下旨"籍没家产"，不许下葬。丁汝昌的子孙辈被迫流落异乡。

若干年后，清廷着手重建北洋海军，起用曾在北洋水师任职的萨镇冰。宣统二年（1910），经载洵及萨镇冰等人力争，清廷才查明真相为丁汝昌平反昭雪。萨镇冰倡议水师全体将士官佐捐

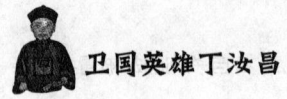

卫国英雄丁汝昌

出三日饷银，作为工程费用，在威海刘公岛建造丁公祠。

如今，丁汝昌的名字已经成为象征中华民族崇高气节的一面光辉旗帜，高扬在每个中国人的心中，激励着人们为了国家的繁荣富强而不断拼搏、勇往直前。如今到刘公岛凭吊丁汝昌的游人络绎不绝，听朵朵浪花讲述他的故事，阵阵海风赞美他的英魂……

附录

一、丁汝昌年谱简编

公元（年）	年号	年龄（岁）	纪　事
1836	道光十六年	1	11月18日，生于安徽省庐江县北乡石嘴头村（今丁家坎村）。父丁灿勋，母向氏。
1843	道光二十三年	7	入私塾上学。
1846	道光二十六年	10	被迫辍学，开始做帮工、学徒。
1854	咸丰四年	18	1月，参加太平军。后随太平军驻扎安庆，成为程学启的部下。
1860	咸丰十年	24	清军攻打安庆，随程学启投入曾国藩的湘军。
1861	咸丰十一年	25	李鸿章招募淮军，曾国藩拨湘军程学启开字营加入淮军，丁汝昌被编入淮军。
1862	同治元年	26	4月，随程学启赴上海与太平军作战。因作战勇悍，被刘铭传调入铭字营，充当哨官，统领亲兵百人。很快又改统马队，升任营官，后授参将。
1864	同治三年	28	以军功擢升副将。是年，举家由庐江县迁至巢县南乡高林（今巢湖市居巢区散兵镇）汪郎中村。
1868	同治七年	32	以军功授总兵，赏记名提督衔，赐协勇巴图鲁勇号。

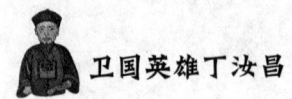

续表

公元（年）	年号	年龄（岁）	纪　事
1874	同治十三年	38	淮军裁编，返乡赋闲。
1877	光绪三年	41	去京谋差，被派往甘肃差遣。到天津拜见直隶总督李鸿章。李鸿章欲建立北洋海军，请其统率，遂以伤病复发为由，未去甘肃任职。
1879	光绪五年	43	11月29日，李鸿章奏请，将其留北洋海防差遣，从此投身海军事业。
1880	光绪六年	44	10月7日，奉李鸿章之命，在山东登荣水师艇船兵弁中挑选三百名认真操演，以备统带新购军舰之用。12月23日，与洋总教习葛雷森，管带林泰曾、副管带邓世昌等前往英国，接带"超勇""扬威"两舰。
1881	光绪七年	45	2月10日，抵达英国伦敦。2月14日前往纽卡斯尔察看中国订购的巡洋舰。2月25日前往纽卡斯尔验收巡洋舰大炮。3月12日，在伦敦车栈迎接曾纪泽公使一行，并到使署拜见公使。4月18日，在德国伏尔铿船厂观看正在建造的铁甲舰。4月22日，在金登干陪同下前往英国海军部，会见凯古柏海军上将、豪斯顿·斯图尔特海军上将及设计师巴纳贝，观看了最新型军舰图纸和模型。8月17日，起锚开航，带"超勇""扬威"回国。11月2日，李鸿章上奏，请以丁汝昌统领北洋水师，破格擢用；遇有水师提督缺出，即予简放。暂未复谕。11月4日，以巡海出力，赏记名提督丁汝昌换西林巴图鲁名号，并正一品封典。

公元 （年）	年号	年龄 （岁）	纪　　事
1882	光绪 八年	46	4月25日，朝廷批准李鸿章奏请，决定派其与马建忠酌带兵船前往朝鲜，襄助签订《朝美条约》。5月7日，率"超勇""扬威""镇海"三舰载马建忠驶离烟台，前往朝鲜。6月23日，因朝鲜与德国谈判通商，应朝鲜国王咨商，再赴朝鲜。8月7日，因朝鲜发生"壬午之变"，奉命前往登州，与广东水师提督吴长庆商议援助朝鲜事宜。8月9日，与马建忠率"威远""超勇""扬威"三舰前往朝鲜。8月17日，与吴长庆率兵分乘"威远"等舰，并装载粮械军火前往朝鲜。9月14日，被任命为直隶天津镇总兵，统领北洋水师。10月10日，以平定朝鲜之变有功，李鸿章奏请赏记名提督、升授天津镇总兵，赏赐黄马褂。
1883	光绪 九年	47	12月17日，因越南嗣王被杀生出祸乱，奉命统带师船，赴粤听从调遣。
1884	光绪 十年	48	6月21日，率"超勇""扬威""威远""康济"四舰齐集天津大沽口外，待命巡洋。6月22日，率北洋四舰随李鸿章、张之洞、吴大澂、张佩纶驶离大沽，放洋巡阅，指挥各舰操演。6月23日，率北洋诸舰随巡阅大员驶抵旅顺口，察勘新筑炮台及营垒。6月24日，率船随巡阅大员抵达烟台，督率"超勇"等舰会操。6月25日，率舰随巡阅大员到达威海卫，陪同李鸿章等观看演放鱼雷、察勘防务布置等。

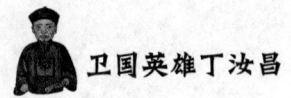

续表

公元 (年)	年号	年龄 (岁)	纪　　事
1886	光绪 十二年	50	8月7日，率"定远""镇远""济远""威远"四舰去日本长崎修理。8月15日舰队在长崎停泊，晚上，中国水兵遭日本巡捕袭击。8月21日致电李鸿章，拟留在长崎处理诉讼。
1888	光绪 十四年	52	与林泰曾等人议订《北洋海军章程》。担任北洋海军提督。
1889	光绪 十五年	53	9月，刘公岛北洋海军学堂开学，兼任学堂总办。
1891	光绪 十七年	55	6月26日，率"定远""镇远""致远"等舰出发，赴日本各地访问。10月11日，因办海军出力，交部从优议叙。
1894	光绪 二十年	58	2月18日，因本年慈禧太后六十寿辰，丁汝昌加尚书衔。6月30日，电请李鸿章，派"康济"明日再往仁川，带粮饷接济"超勇"等舰。7月22日，派"济远""威远""广乙"三舰从威海赴牙山。7月26日，亲督舰队游巡，未遇日舰。8月1日，中日宣战，甲午战争爆发，次日率舰游巡朝鲜大同江口。9月17日，在黄海大东沟率十舰迎击日军，身负重伤仍坚持督战。10月23日，以黄海海战，清廷给予议叙。11月7日，因日军占领大连，率舰撤至威海刘公岛。11月16日，因旅顺告警，革去尚书衔，摘去顶戴。12月17日，因"节节贻误"，将拿刑部治罪，后经李鸿章等恳求方得留用。

续表

公元（年）	年号	年龄（岁）	纪　　事
1895	光绪二十一年	59	1月30日，日本海陆军进攻威海南岸炮台，登舰指挥反击，击毙日军少将大寺安纯，派兵炸毁南岸皂埠嘴炮台。1月31日，派舰分击南岸鹿角嘴、龙庙嘴炮台。2月8日，拒绝瑞乃尔等人的劝降，继续组织反击。次日，"靖远"被击沉，欲与舰同沉，被水手拥上小轮船。2月10日，炸毁伤舰"定远"、"靖远"号，官兵胁迫投降，严词拒绝。2月11日，接到烟台密信，得知不可能有援兵来。2月12日晨服鸦片自尽，同日，浩威、牛昶晒等人假托其名写投降书并钤印。2月17日，日军占领刘公岛。4月9日，朝廷谕旨，不给其褒奖和抚恤。
1910	宣统二年		经载洵、萨镇冰等人力争，澄清事实，清廷为其平反昭雪。

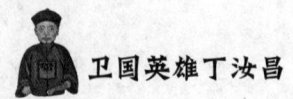
二、丁汝昌诗作选摘

赠宫岛栗香

足迹纵横半地球，环观望气数吾洲。

三山汉代成仙窟，九有虞廷是帝邱。

同合车书防外侮，敢夸砥柱作中流。

我来偶遇修和日，共上芝山听古讴。

丁汝昌作楹联

万里浮槎九垓振袂　三山策杖五岳图形